城市与区域空间结构研究丛书 | 吴殿廷主编

东北三省人口迁移时空格局与机制研究
Spatio Temporal Pattern and Mechanism of Population Migration in Three Provinces of Northeast China

刘春涛 著

东南大学出版社
SOUTHEAST UNIVERSITY PRESS
南京·2021

内容提要

人口地理学是地理学的重要组成部分,近年来人口地理学的研究成果不断涌现,跨专业融合的特点不断强化,但针对东北地区人口迁移现象和机制的系统性研究仍然匮乏。本书挖掘海量历史数据,系统分析东北三省人口迁移的时空格局和演变特征,探索建立基于演变视角的人口迁移机制研究框架,并利用"人口顺差""群体相对偏好"等概念和"新引力模型""区域综合差异指标体系""灰色关联度"相结合等方法揭示东北三省人口迁移内在机制,最后针对东北三省当前面临的问题,提出加快人口振兴的对策和建议。

本书可供地理学、人口学、经济学研究人员阅读和参考。

图书在版编目(CIP)数据

东北三省人口迁移时空格局与机制研究 / 刘春涛著. —南京:东南大学出版社,2021.3
(城市与区域空间结构研究丛书 / 吴殿廷主编)
ISBN 978-7-5641-9371-3

Ⅰ. ①东… Ⅱ. ①刘… Ⅲ. ①人口迁移-研究-东北地区 Ⅳ. ①C922.2

中国版本图书馆 CIP 数据核字(2020)第 265506 号

Dongbei San Sheng Renkou Qianyi Shikong Geju Yu Jizhi Yanjiu

书　　名:东北三省人口迁移时空格局与机制研究	
著　　者:刘春涛	
责任编辑:李　倩	邮箱:441339710@qq.com
出版发行:东南大学出版社	社址:南京市四牌楼 2 号(210096)
网　　址:http://www.seupress.com	
出 版 人:江建中	
印　　刷:南京玉河印刷厂	排版:南京布克文化发展有限公司
开　　本:787mm×1092mm　1/16	印张:11.5　字数:265 千
版 印 次:2021 年 3 月第 1 版　2021 年 3 月第 1 次印刷	
书　　号:ISBN 978-7-5641-9371-3　定价:59.00 元	
经　　销:全国各地新华书店	发行热线:025-83790519　83791830

* 版权所有,侵权必究
* 本社图书如有印装质量问题,请直接与营销部联系(电话:025-83791830)

总序

任何事物的发展都是在时空中展开的,当这个事物的体量很大时,其内部的分异就不容忽视。中国经济社会系统就是这样的事物,中国的很多城市、区域也是这样的事物,而且还都处在快速分异、分化之中。所以,在中国,以研究空间结构为主的学科——地理学,在当前是最具生命力的学科,全世界还没有哪一个国家的地理学研究人员数量和高校招生规模可与中国媲美。

以北京师范大学为例,从改革开放初期的一个地理系,发展到目前的"三宫六院点点红"(地理学院、环境学院、自然资源学院、水科学研究院、减灾与应急管理研究院等),现有全职教师300多名,在岗教授100多名,每年招收博士生数以百计。当然,中国在这方面的研究水平还不高,与美国、德国、日本等发达国家相比还有很大差距,但凭借着人多势众的研究队伍和广泛的社会需要,中国的空间结构研究必将在不远的将来站在世界的前沿,甚至引领世界发展。

空间结构是指在一定地域范围内不同要素的相对区位关系和分布形式,它是在地球表层系统长期发展过程中人类活动和区位选择的积累结果与空间表现形式,反映了人类活动的区位特点以及在地域空间中的相互关系。这些成果重在研究城乡之间、区域之间的统筹协调发展问题。按照正常的思维习惯,即先从宏观整体出发,然后逐渐深入到微观具体层面,因此本套丛书我们将视角放在城市和区域内部,以一线城市、部分二线城市和发达地区为主要研究对象,利用城市地理学、区域经济学等最新理论和地理信息系统(Geographic Information System,GIS)等现代手段,探索快速发展的城市和区域空间演变规律,旨在为正处在全面城镇化的国家决策和转型与跨越发展的区域决策提供支撑。

中国的空间结构研究从2005年开始进入爆发式发展时期。在中国知网上,以"区域空间结构"为主题进行检索,2000年可检索到文献7篇,2005年可检索到41篇,2010年可检索到86篇,2012年可检索到176篇;以"城市空间结构"为主题进行检索,2000年可检索到文献18篇,2005年可检索到203篇,2010年可检索到437篇,2012年可检索到568篇! 由此可见,空间结构研究契合了国内研究的热潮。我们将广泛吸收国内外同仁加盟,总结、探索推出具有中国特色的城市与区域空间结构研究系列成果,以推动中国城市与区域的可持续发展。

高瞻远瞩遥感者,博大精深地理人。科学发展纵横论,强邦富民要躬行。地理学以其独特的空间思维迎合了大国崛起的现实需要,成为当前最具价值的战略学科之一。我们为地理学迅速成长欢欣鼓舞的同时,也深感责任重于泰山。是为序,并与国内外同仁共勉。

  本丛书的出版得益于东南大学出版社的支持,尤其是徐步政、孙惠玉两位编辑的帮助。在当今人们都热衷于追求经济利益的大背景下,他们却对学术著作出版热心扶持,其高尚之情怀令人感动。特借丛书出版之际,向东南大学出版社表示敬意和谢意!

吴殿廷

序言

人口迁移是人口地理学研究的重要方向之一。早在1953年国际人口地理学奠基人特里瓦萨构建学科理论体系框架之初,就曾将包括国际、区际、城乡、本地在内的人口的迁移和流动列入人口地理学研究的主要框架。随着计量方式和地理信息技术的进步,地理学者不仅关注对人口迁移现象本身的基础性认识,更关注区域可持续发展过程中人口迁移与各种自然和人文环境因素之间的相互制约关系。由于特定区域的人口迁移现象和伴生问题往往与经济社会进步息息相关,人口迁移又成为地理学、人口学、统计学、经济学、社会学、政治学等领域学者共同关注的焦点。

近年来,东北三省人口发展呈现出新特征。随着东北老工业基地振兴战略的推动实施,一些区域和城市出现了新的增长极和新一轮人口集聚趋势,但总体上面临人口外迁、劳动力资源萎缩、老龄化日趋严重、高层次人才外流等问题,令东北三省在振兴之路上可谓负重前行。本书正是在上述背景下,为重新认识东北三省人口发展条件、有效制定发展策略提供有力依据和重要支撑。同时,本书的以下几个方面可谓亮点,值得肯定:

其一是基于比较视角对东北三省人口迁移特征进行分析。自中华人民共和国成立以来,我国的人口发展受计划生育、户籍政策、流动人口保障机制等多方面政策影响,孤立的时间序列人口统计数据很难真实表达该区域人口迁移的客观特征。作者先将东北三省人口发展历程与全国人口发展历程进行对比,总结出不同阶段的特征与问题(数量、年龄结构、性别比例、受教育程度),再利用不同时间截面东北三省人口与其他省级行政单元在迁移过程中的绝对数量、相对偏好变化来阐释迁移人口的地域选择特征,这种对比性观察更能够体现人地关系、人人关系和地地关系,结论更有说服力。

其二是从地理学视角切入,对20世纪80年代至2015年影响东北三省人口迁移的"因子"进行分析。根据东北三省人口迁移向量特点,本书选取经济规模、社会就业、收入水平、基本公共服务、创新能力、气候舒适度、距离等影响因子建立指标体系之后,并未囿于对某一项因子影响权重的复杂运算,而是选择利用灰色关联排序,以演变的角度观察上述因子对人口迁移影响力排序的变化历程,分析区域间人口迁移关系发生变化的因果关系,进而揭示影响东北三省人口迁移的真实原因。这种思维方式清晰直接、避繁就简,却充分理清了时间、空间、事件等多维要素因果关系,不失为一种好的分析手段。

其三是综合运用经济学、人口学思辨方式探讨人口迁移问题。跟随新东北现象与人口问题交织的社会和舆论关注热点,本书将东北三省视为一个区域整体,针对"外部迁入人口从哪里来""内部迁出人口去了哪里""为什么会这样发生"等一系列问题开展研究。在这之中,作者对人口迁移的概念进行了辨证讨论,借用"顺差""逆差"概念形象描述人口红利得失,提出"迁移偏好"概念,描述相对迁移人口偏好,提出三个假设建立"新引力模型",这些都简化了对人口迁移现象的表达,让研究逻辑更加简练清晰,对于其他地区人口迁移研究具有重要的借鉴意义。

  本书是刘春涛博士在他学位论文的基础上修改完成的。作者对人口地理学的研究从硕士期间开始,近年来作为一名城乡规划师,在区域分析和城乡规划上积累了很多成果,但始终未曾间断对人口地理学的执着研究。作为导师我见证了他攻读博士学位期间所付出的努力,也为他辛苦取得的成绩而深感欣慰。在本书即将出版之际,我很乐于推荐这部著作,也希望作者继续努力,争取取得更多的成果。

韩增林
2019 年 7 月 25 日于辽宁师范大学

目录

总序

序言

1 绪论 ... 001
1.1 研究背景 ... 001
1.1.1 国家对人口可持续发展和劳动力布局更加重视 ... 001
1.1.2 人口发展问题严重制约东北老工业基地振兴 ... 002
1.1.3 东北三省人口迁移带来的结构性问题令人担忧 ... 003
1.2 研究目的 ... 006
1.2.1 系统认识东北三省人口变化和对外迁移的时空格局 ... 006
1.2.2 探索基于发展视角的人口迁移机制研究框架和方法 ... 007
1.2.3 提出东北三省人口振兴的政策建议 ... 007
1.3 研究框架 ... 007

2 国内外相关研究进展 ... 010
2.1 国外人口迁移相关研究进展 ... 010
2.1.1 理论研究 ... 010
2.1.2 实证分析 ... 013
2.2 国内人口迁移相关研究进展 ... 015
2.2.1 人口迁移的理论体系研究 ... 015
2.2.2 人口迁移的模型方法研究 ... 016
2.2.3 人口迁移的发生机制研究 ... 016
2.2.4 人口迁移的时空特征研究 ... 020
2.2.5 人口迁移的作用影响研究 ... 022
2.2.6 特定研究对象的实证研究 ... 023
2.2.7 东北地区人口迁移及相关问题研究 ... 025

2.3 研究进展总体评述 — 027
2.3.1 对国外人口迁移理论与实证研究的评述 — 027
2.3.2 对国内人口迁移理论与实证研究的评述 — 028

3 概念界定、方法和数据 — 039
3.1 "人口流动"与"人口迁移" — 039
3.1.1 对"人口流动"概念的辨析 — 039
3.1.2 对"人口迁移"概念的辨析 — 040
3.1.3 概念对比与结论 — 042
3.2 研究方法 — 043
3.2.1 文献整理与归纳法 — 043
3.2.2 质性研究法 — 043
3.2.3 地理信息系统空间分析与处理法 — 044
3.2.4 灰色关联分析法 — 044
3.2.5 比较分析法 — 044
3.3 数据来源 — 045
3.3.1 研究区范围界定 — 045
3.3.2 研究区数据来源与处理 — 045

4 东北三省人口迁移的总体特征 — 048
4.1 东北三省人口总量变化特征与发展趋势 — 048
4.1.1 人口数量变化特征与发展趋势 — 048
4.1.2 东北三省人口增长阶段及特征 — 050
4.2 东北三省人口迁移总体特征与发展趋势 — 052
4.2.1 东北三省人口迁移"量"的变化 — 052
4.2.2 东北三省人口迁移"向"的变化 — 053
4.3 本章小结 — 059

5 东北三省人口迁移的空间格局 — 062
5.1 东北三省人口迁入格局 — 062
5.1.1 辽宁省迁入人口空间格局 — 062
5.1.2 吉林省迁入人口空间格局 — 066
5.1.3 黑龙江省迁入人口空间格局 — 069

5.2 东北三省人口迁出格局 ... 074
 5.2.1 辽宁省迁出人口空间格局 ... 074
 5.2.2 吉林省迁出人口空间格局 ... 078
 5.2.3 黑龙江省迁出人口空间格局 ... 082
5.3 分析与小结 ... 086

6 东北三省人口迁移的空间偏好 ... 089
6.1 人口迁移的空间偏好 ... 089
6.2 全国各地迁往东北三省的偏好 ... 090
 6.2.1 全国各地迁往辽宁省的偏好 ... 090
 6.2.2 全国各地迁往吉林省的偏好 ... 092
 6.2.3 全国各地迁往黑龙江省的偏好 ... 094
6.3 东北三省对人口迁出目的地的偏好 ... 097
 6.3.1 辽宁省对人口迁出目的地的偏好 ... 097
 6.3.2 吉林省对人口迁出目的地的偏好 ... 099
 6.3.3 黑龙江省对人口迁出目的地的偏好 ... 102
6.4 分析与小结 ... 104

7 东北三省人口迁移的影响因素演变 ... 107
7.1 理论基础与问题提出 ... 107
7.2 模型择取与指标体系建立 ... 110
 7.2.1 基于"新引力模型"的区域综合差异指标体系 ... 110
 7.2.2 模型择取 ... 113
 7.2.3 模型假设：三个假设 ... 115
7.3 东北三省人口迁移机制 ... 117
 7.3.1 影响东北三省人口迁入的影响因素演变 ... 117
 7.3.2 影响东北三省人口迁出的影响因素演变 ... 120
7.4 分析与小结 ... 123

8 主要结论与对策建议 ... 126
8.1 主要结论 ... 126
 8.1.1 东北三省人口问题在于减量更在于失衡 ... 126
 8.1.2 东北三省人口问题与三省兴衰趋势高度拟合 ... 126

- 8.1.3 东北三省人口迁入、迁出规模具有明显的地理指向 ... 127
- 8.1.4 东北三省人口迁入、迁出偏好演变趋势出现分异 ... 128
- 8.1.5 东北三省人口迁移的影响因子正在逐步变化 ... 128
- 8.2 对策建议 ... 128
  - 8.2.1 利用好地缘优势，创造面向东北亚的对外开放机遇期 ... 129
  - 8.2.2 坚持"以人为本"，中短期以劳动力吸引和落户为目的调整工业结构 ... 129
  - 8.2.3 调整服务业结构，发挥旅游业对人口的汇集作用 ... 130
  - 8.2.4 提高对创新人群的福利保障，营造更加友好的人才落户和创业环境 ... 130
  - 8.2.5 建立更加包容的基本公共服务环境，让居者各得其所 ... 131
  - 8.2.6 加快中小城市和县域城镇化进程，提高东北三省县域经济水平 ... 131

9 创新与展望 ... 133
- 9.1 主要创新 ... 133
  - 9.1.1 利用区域经济学思维丰富基于发展视角的人口迁移理论基础 ... 133
  - 9.1.2 建立基于"三位一体"的人口迁移动态分析逻辑框架 ... 133
  - 9.1.3 以东北三省为特定对象的系统性省际人口迁移研究 ... 134
- 9.2 展望 ... 134

附录 ... 136
后记 ... 157

1 绪论

1.1 研究背景

1.1.1 国家对人口可持续发展和劳动力布局更加重视

1) 人口迁移新常态引发社会各界关注

为培育和建立社会主义市场经济体制、提高经济活力、发展城市经济,我国自改革开放以来逐步放开户籍管理制度,人口分布于空间的固化状态逐渐被改变。随着城镇化速度不断加快,我国的人口迁移现象发生了巨大变化。据《中华人民共和国2015年国民经济和社会发展统计公报》(2016年)显示,2015年全国迁移流动人口规模达到2.47亿人,大规模的人口迁移和流动已经成为我国当前经济社会发展的新常态。伴随着全国迁移人口的数量增加,人口迁移涉及的区域范畴不断扩大,迁移人口可接受的移居距离不断拉大,迁移人口的分布重心在逐步转移,迁移行为对区域经济社会发展和区域之间的关系重构产生了重大而深远的影响……种种这些现象与当前我国区域不均衡发展所引发的各类问题相交织,成为近年来经济学、社会学、人口学、地理学、法学、政治学等若干学科普遍关注的热点问题,引发了国内外各界学术大讨论。

2) 国家强化区域人口布局的顶层设计

人口发展一直是我国高度重视的全局性工作。《中华人民共和国国民经济和社会发展第十二个五年规划纲要》(2011年)提出要加强对人口生产力布局的战略引导,"加快构建沿陇海、沿京广、沿京九和沿长江中游经济带,促进人口和产业的集聚,加强与周边城市群的对接和联系""统筹谋划人口分布、经济布局、国土利用和城镇化格局,引导人口和经济向适宜开发的区域集聚,保护农业和生态发展空间,促进人口、经济与资源环境相协调",同时"特大城市要合理控制人口规模,大中城市要加强和改进人口管理,继续发挥吸纳外来人口的重要作用,中小城市和小城镇要根据实际放宽落户条件",确保对迁移和流动人口的基本公共服务。《中共中央关于制定国民经济和社会发展第十三个五年规划的建议》(2015年)指出,要"推动重点开发区域提高产业和人口集聚度""促进劳动力在地区、行业、企业之间自由流动",引导人口科学流动成为制定国家政策的重要原则之一。2016年,国务院印发《国家人口发展战略规划(2016—2030年)》,将"实施人口均衡发展战略"作为人口发展规划的总体思路,标志我国在引导和调控人口再分布与区域发展、主体功能布局、城市群发展、产业集聚相协调方面进入深化实施阶段。

1.1.2 人口发展问题严重制约东北老工业基地振兴

1) 劳动力要素加快迁出制约老工业基地振兴

改革开放以来,东北三省结构性问题突出,经济增速逐渐下降,与东部沿海地区的差距逐步拉大。2003年10月,中共中央、国务院印发《关于实施东北地区等老工业基地振兴战略的若干意见》,首次对东北老工业基地振兴进行系统而全面的部署。近年来,国务院与国家相关部委不断下发关于促进东北老工业基地振兴的指导意见,并通过《东北振兴"十三五"规划》的形式提出解决东北机制体制和其他现实问题的阶段性实施方案。与此同时,国务院先后于2009年7月批复《辽宁沿海经济带发展规划》、2009年11月批复《中国图们江区域合作开发规划纲要——以长吉图为开发开放先导区》、2011年9月同意并由国家发展和改革委员会批复沈阳经济区为"国家新型工业化综合配套改革试验区"、2013年9月批复《黑龙江和内蒙古东北部地区沿边开发开放规划》、2017年3月批复成立"中国(辽宁)自由贸易试验区",不断加大对东北三省经济振兴的支持力度。

近年来,经历过"振兴"的东北三省经济进入新一轮"衰退",被称为"新东北现象"。英国《经济学人》(*The Economist*)周刊在2015年1月3日刊出一篇题为《东北再度告急》的文章,分析了东北经济所面临的困境及其主要原因,认为东北地区面临严峻恶化的人口形势是经济失速的重要原因之一。据统计,2005—2010年,东北三省人口净迁出数量大幅升高,达115.4万人,比1995—2000年扩大了1倍多,而这个数字在2010—2015年又进一步扩大(表1-1)。由于迁出人口大多为中青年劳动力,劳动年龄人口减少对人口流出地的经济发展和社会进步产生了负面影响;加之东北三省城镇化水平高于全国平均水平,因而人口迁出不单是城镇化过程中农村剩余劳动力向城市转移,更是高素质人才的跨区域外迁,这使得东北三省出现了劳动力结构性短缺。

2) 人口过度外迁令城镇化动力不足的情况雪上加霜[①]

良性的人口发展助推良性的区域发展,反之亦然。人口的减少和劳动力的外流导致城市建设人均成本上升、地方消费水平下降、地方政府债务

表 1-1　东北三省净迁移人口数量　　　　　　　单位:万人

分类	1995—2000 年	2005—2010 年	2010—2015 年
辽宁省	37.6	49.5	-2.7
吉林省	-27.5	-50.9	-50.2
黑龙江省	-63.8	-114.0	-84.1
合计	-53.7	-115.4	-137.0

安全受到威胁,地方城镇化进程遭遇瓶颈。中华人民共和国成立以来,东北三省曾是全国城镇化速度最快的地区之一。追溯历史,1987 年,东北三省的城镇化率就已经达到 40.35%,比当时全国城镇化水平(19.89%)高出一倍。辽宁、吉林、黑龙江的城镇化水平分别为 41.01%、37.82%、41.37%,在全国各省中分列第 5 位、第 6 位、第 4 位,城镇化进程仅落后于上海、北京、天津[②]。2000 年,东北三省的城镇化率为 52.39%,而当年全国城镇化率只有 36.92%。国际普遍认为某一地区的城镇化率达到 50%,对该地区的经济、社会发展具有标志性意义,我国城镇化率超过 50% 是在 2010 年,比东北三省整整晚了 10 年。2015 年,东北三省的城镇化率达到 61.34%。虽然 15 年内上升了约 9 个百分点,但与全国各省相比,城镇化动力明显不足,城镇化率被江苏、浙江、福建先后反超。反观 2005 年到 2015 年,全国城镇化率增长 13.11%,吉林省城镇化率约从 52.52% 上升到 55.32%,10 年时间仅提高 2.8%,城市化速度仅为全国平均水平的 1/5。现阶段我国城镇化既是经济社会发展的结果,又是经济社会发展的动力。按这种趋势下去,人口过度外迁可能导致东北三省某些城市城镇化进程停滞和城市收缩(高舒琦等,2017),引发更多的经济社会问题。

1.1.3　东北三省人口迁移带来的结构性问题令人担忧

1) 东北三省当下人口年龄结构已不能承担更多的人口迁出

根据第六次全国人口普查,全国不同原因的迁移人口的中位年龄为 17.9—41 岁。一般地,随着人口迁出数量增加,迁出地将面临老龄化态势加重、抚养比上升等问题,这些问题在东北三省已经显露。历次人口普查和抽样调查数据显示(图 1-1),我国 14 岁以下少儿人口比重在 1987—1995 年缓慢下降,在 1995—2010 年急速下降,2010—2015 年随着计划生育二胎政策的逐步放开,生育率逐步提高,少儿人口比重变化趋于平稳。相比较而言,东北三省少儿人口比重却始终在持续下降,下降速度远快于全国平均速度。1987 年,东北三省 14 岁以下人口为 2 528.1 万人,占总人口的 26.55%,略低于全国平均值(28.76%);2015 年,东北三省 14 岁以下人口为 1 201.6 万人,占总人口的 10.94%,仅达到全国(16.52%)的 2/3,甚至

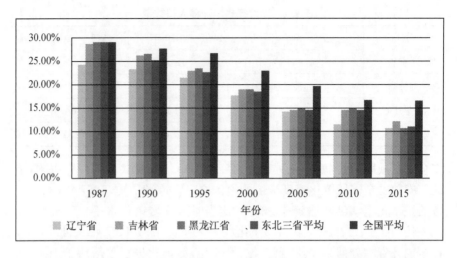

图 1-1　1987—2015 年东北三省 14 岁以下人口占总人口比重与全国的对比

低于日本少儿人口比重,成为全球出生率最低、少儿人口占比最低的区域之一。从地区发展的潜在劳动力资源禀赋来看,少儿人口比例过低意味着未来人口自然增长的动力不足。少儿人口占比还有另外一个重要的意义,即代表区域潜在劳动力要素的多寡,直接影响区域未来的生产和消费能力。对比全国,上海、北京、天津等地少儿人口占比同样较低,但上述地区是全国迁入人口占比最高的几个城市,少儿人口占比低的更多原因是劳动力人口数量庞大,其劳动力要素是丰富而不是紧缺,相比较而言,东北三省由人口迁出造成发展后继无人的问题更加严重。

此外,东北三省人口老龄化速度明显快于全国平均水平(图 1-2)。1987 年,东北三省 65 岁以上老年人口为 415.7 万人,占总人口的 4.37%,低于全国平均值(5.48%);2000 年,东北三省 65 岁以上老年人口为 693.2 万人,占总人口的 6.61%,接近全国平均值(7.1%);2015 年,东北三省 65 岁以上老年人口为 1 281.3 万人,占总人口的 11.67%,高于全国平均值(10.47%)。近 30 年来,辽宁省、吉林省、黑龙江省老龄化率在全国的排名从第 17 位、第 23 位、第 28 位上升至第 4 位、第 15 位、第 18 位,成为全国老龄化水平上升最快的三个省份。一般认为,当一个国家或地区 60 岁以上人口所占比例达到或超过总人口数的 10%,或 65 岁以上人口所占比例达到或超过总人口数的 7%,即意味着这个国家或地区进入了老龄化社会。据此标准,2005 年东北三省已经全面进入老龄化社会,辽宁省更是在 2000 年先于全国提前进入老龄化社会。

2) 人口迁移导致东北大城市人口性别结构失衡严重[③]

人口学通常以每 100 位女性所对应的男性数目为计算标准,衡量某一国家或地区的男女性别比。据《2015 年全国 1% 人口抽样调查资料》,全国按现住地、性别分的户口登记地在外省的人口共 9 722.77 万人,其中男性

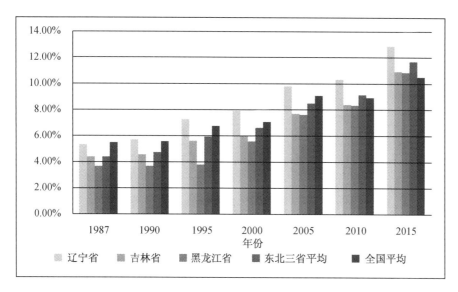

图 1-2　1987—2015 年东北三省 65 岁以上人口占总人口比重与全国的对比

注：2010 年第六次全国人口普查数据中统计口径为 60 岁以上人口，未统计 65 岁以上人口数量，因此本图用《中国统计年鉴(2011)》65 岁以上人口数量代替。

约 5 619.03 万人，女性约 4 103.74 万人，男女性别比约为 136.9∶100，这说明迁移人口中男性远超过女性。中华人民共和国成立前后，由于工农劳动力迁入以男性为主，东北三省总人口性别比一直高于全国平均水平，改革开放后这种人口迁移状况得到反转。从全国出生性别比来看，我国 1982 年、1990 年、2000 年出生人口性别比分别为 107.6、110.0、118.0，可见男多女少是全国的普遍性问题。然而 1987—2015 年，东北三省性别比从 104.79 持续下降至 101.24，与全国平均水平相差幅度不断扩大，成为全国人口性别比最低的地区。1987 年，辽宁省、黑龙江省、吉林省人口性别比分别为 104.52、104.91、105.04，接近但略低于全国人口性别比，按降序分别排在全国的第 23 位、第 21 位和第 19 位。2015 年，辽宁省、黑龙江省、吉林省人口性别比分别为 100.45、101.59、102.02，分别排在全国的第 31 位、第 28 位和第 27 位。2011 年，《国家人口发展"十二五"规划》提出，2015 年的出生人口性别比目标为 115，这是我国首次把控制人口出生性别比纳入国家规划。2016 年，《国家人口发展规划（2016—2030 年）》提出，2020 年出生人口性别比降至 112 以下，2030 年降至 107。事实上，在东北的一些大城市，女多男少现象更为突出，引发社会关注。如沈阳，2015 年户籍人口性别比甚至下降到 97.9，创下自中华人民共和国成立以来东北三省最低纪录。大连、盘锦的人口性别比也都低于 100。

3）东北三省的人才优势正在丧失

人口的文化素质对地区发展影响深远。东北三省是我国的工业化先驱地,其城镇化明显快于全国大多数地区,教育基础设施配置相对较高,人口受教育程度也曾一直领先。然而根据改革开放后历次全国人口普查数据,东北三省受高等教育人口的绝对数量逐步提高,但受高等教育的人口比重在全国的排名不断降低,尤其吉林、黑龙江两省下降幅度较大。1990年,东北三省专科以上学历人口为23.28万人,占6岁以上人口的2.99%,大幅高于全国平均水平(2.01%)。其中辽宁省、吉林省、黑龙江省分别为10.36万人、5.75万人、7.17万人,分别占6岁以上人口的3.24%、2.99%、2.70%,分别排在全国的第4位、第5位、第6位。当时的东北三省仍是全国的人才高地,在全国的人口受教育素质的排名仅低于北京、上海、天津三个直辖市。2015年,东北三省专科以上学历人口为1551.43万人,占6岁以上人口的14.71%,略高于全国平均水平(13.33%)。其中辽宁省专科以上人口为713.06万人,占6岁以上人口的16.93%,仍排在全国第4位,但吉林省、黑龙江省专科以上人口分别为347.96万人和490.41万人,仅占6岁以上人口的13.17%和13.28%,低于全国平均水平,分别排在全国的第15位、第14位。

研究型人才方面,2000年,东北三省受研究生以上教育的人口占6岁以上人口的比例为0.09%,略高于全国平均值(0.08%),是除北京、上海、天津外研究生以上学历人口比例最高的地区。其中辽宁、吉林、黑龙江分别是0.12%、0.08%、0.07%,分别排在全国的第4位、第8位、第11位。2015年,东北三省受研究生以上教育的人口占6岁以上人口的比例为0.49%,低于全国平均水平(0.59%),辽宁、吉林、黑龙江分别为0.66%、0.43%、0.33%,分别排在全国的第7位、第11位、第19位。随着人口迁移,东北三省的区域人才优势正在逐步丧失,而中高端人才对产业结构的优化调整有着重要的支撑作用,人才的流失对东北老工业基地振兴造成极大障碍。

1.2 研究目的

1.2.1 系统认识东北三省人口变化和对外迁移的时空格局

随着国内人口地理学、人口统计学、区域经济学等学科的不断发展,近年来国内机构和学者对东北三省人口问题的观察和研究不断深化。总体来看,相关研究集中于对东北三省人口生育率持续降低、人口向沿海地区迁移速度加快、资源型城市劳动力资源剩余、区域人口城镇化质量不高、城市空心化和土地开发过快等现象的表述,缺少人口时空演变和对外迁移的系统量化分析,其中一些报道的统计调查口径、取样方式和计算方法尚具有一定的争议。对东北三省人口分布的时空演变规律进行系统认识,对人口迁移的"绝对空间—相对空间—动态机制"进行系统识别,这对科学认识东北人口问题、进行更加深入的分析研究具有一定理论与实践意义。

1.2.2 探索基于发展视角的人口迁移机制研究框架和方法

人口迁移一直以来受到国内外学者的普遍关注,理论研究相对丰富,分析框架和理论模型也较多。笔者认为,人口迁移是一个复杂的系统问题,人口从一个地区迁到其他地区,不但受该地区和与之对应的迁入地之间的诸多因子差异影响,区域中其他地区的自身特质也在不同程度上影响迁移人口再分配,即迁移人口除了受迁入地和迁出地之间"两两推—拉作用",还受周边地区的"争夺—排斥作用"。而所谓的诸多因子则包含了整个区域中各个子区域的经济、社会、环境等诸多客观因素。同时,随着时间的变化,尤其是在我国改革开放以来整体快速城镇化、区域发展不平衡的大背景下,上述"诸多因子"对人口迁入、迁出的影响也在发生着变化。建立基于发展视角的人口迁移特征与机制分析框架,分析特定区域——东北三省的人口迁入、迁出可能的影响因素及变化趋势,对丰富我国人口迁移行为研究具有重要意义。

1.2.3 提出东北三省人口振兴的政策建议

区域文化根植性的存在,导致不同区域人口迁入、迁出的因素不尽相同。即便是承认东北三省在经济社会发展方面具有高度的内部同质化特征,但是辽宁、吉林、黑龙江之间也依然存在这种差异。通过研究获取影响东北三省人口迁入、迁出的影响因素,对人口竞争力差异化分析理论具有贡献意义;分析影响东北三省人口迁入、迁出因子的变化趋势,对把握东北三省人口下一步的发展动向具有重要的监测意义。在此基础上,以东北三省人口振兴为目标,制定取长补短的人口吸引政策,对东北老工业基地振兴政策体系的完善具有重要的支撑意义。

1.3 研究框架

本书以东北人口迁移为研究对象,遵循"是什么"—"为什么"—"怎么办"的逻辑框架,以及地理学"格局(空间)—过程(时间)—机理(人地关系)—路径(对策)"的研究范式,总体框架分为研究基础、时空演化、影响因素、对策建议四个部分(图1-3)。

其中,第2章和第3章为人口迁移理论脉络梳理及相关概念辨析与界定,旨在建立研究的工作基础;第4章分析东北三省人口迁移的总体特征,

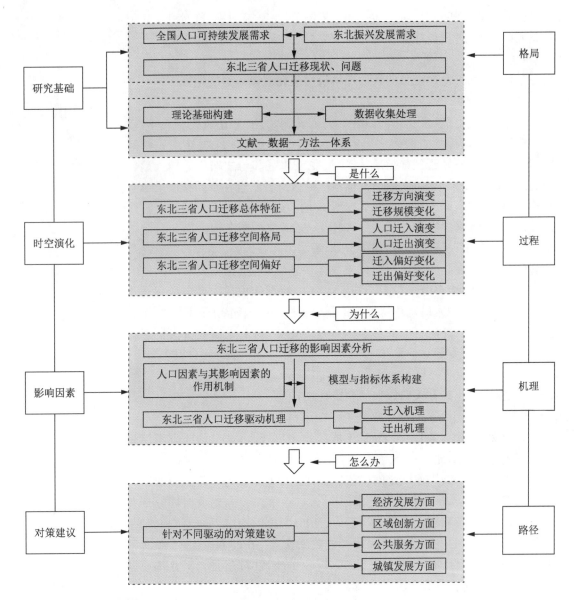

图 1-3　研究技术路线

旨在定量刻画东北三省人口整体发展的演化过程；第 5 章分析东北三省人口迁移的空间格局，研究的重点是"东北三省的迁入人口从哪儿来"和"迁出人口到哪儿去"；第 6 章是"东北三省人口迁移的空间格局"研究的延伸，重点是"哪儿的人偏爱来东北三省"和"东北三省的人偏爱迁移到哪儿去"；第 7 章研究的重点是"什么因素在影响东北三省人口的迁入与迁出"，这些因素的变化趋势如何；第 8 章在总结前面全部章节的基础上给出结论，并结合问题导向，提出东北三省人口发展的对策建议。

第 1 章注释

① 城镇化数据源自《中国统计年鉴（2016）》。
② 本书涉及的人口数据只包括中国内地的人口数据，不包括港、澳、台地区的人口数据。
③ 1987 年、1995 年的人口性别数据根据《中华人民共和国全国分县市人口统计资料》计算得出，其他数据来自历次全国人口普查数据和全国 1% 人口抽样调查数据。

第 1 章参考文献

第十一届全国人民代表大会第四次会议，2011. 中华人民共和国国民经济和社会发展第十二个五年规划纲要[EB/OL].（2011-03-17）[2020-05-11]. http://finance.people.com.cn/GB/14164290.html.

高舒琦，龙瀛，2017. 东北地区收缩城市的识别分析及规划应对[J]. 规划师，33(1)：26-32.

国务院，2016. 国务院关于印发国家人口发展规划（2016—2030 年）的通知（国发〔2016〕87 号）[EB/OL].（2016-12-30）[2017-01-25]. http://www.gov.cn/zhengce/content/2017-01/25/content_5163309.htm.

中国共产党中央委员会，2015. 中共中央关于制定国民经济和社会发展第十三个五年规划的建议[EB/OL].（2015-11-03）[2020-05-11]. http://www.gov.cn/xinwen/2015-11/03/content_5004093.htm.

中华人民共和国国家统计局，2016. 中华人民共和国 2015 年国民经济和社会发展统计公报[EB/OL].（2016-02-29）[2020-05-11]. http://www.gov.cn/xinwen/2016-02/29/content_5047274.htm.

第 1 章图表来源

图 1-1、图 1-2 源自：笔者根据第三次全国人口普查资料、第四次全国人口普查资料、第五次全国人口普查资料、《中国 1987 年 1% 人口抽样调查资料》《1995 年全国 1% 人口抽样调查数据》《2005 年全国 1% 人口抽样调查数据》《2015 年全国 1% 人口抽样调查资料》绘制。

图 1-3 源自：笔者绘制。

表 1-1 源自：笔者根据第四次全国人口普查资料、第五次全国人口普查资料、《2015 年全国 1% 人口抽样调查资料》绘制。

2 国内外相关研究进展

2.1 国外人口迁移相关研究进展

2.1.1 理论研究

1）莱温斯坦首提人口迁移规律理论

英国统计学家莱温斯坦（Ravenstein,1889）最早对人口迁移做出了解释，反驳当时学术界认为"人口迁移无规律性"的观点。他认为人口迁移存在以下内在规律：① 迁移人口与空间距离成反比关系。人口迁移以短距离迁移为主，越大的工商业中心对人口的吸引力越大，在中心规模相同的情况下，迁移人口与空间距离成反比关系。② 迁移具有级别性。就一个中心城镇来说，其周边农村地区的人口率先迁入其中，而更外围的农村地区的移民又开始补充到之前空缺的农村地区。③ 人口迁移存在补偿性反迁移流。迁移目的地往往也可能是迁出地，一般情况下城市获得的净迁移人口会更多。④ 迁移受性别影响。女性更倾向于短距离的迁移，且相对于男性而言女性的迁移倾向更强。⑤ 技术进步影响人口迁移。交通、通信和技术的发展有利于增加迁移率，而城镇工业和商业的发展也能促进人口迁移。⑥ 经济发展促进人口迁移。

2）赫伯尔、博格、伊沃里特·李及"推—拉"理论演进

赫伯尔（Herberle,1938）在《乡村—城市间人口迁移的原因：德国理论综述》一文中提出人口迁移是由一系列力量引起的，并首次用"推—拉"概念来解释人口在区域间迁移的原因。

博格（Bogue,1959）构建了"推—拉"理论体系，提出不同区域之间存在促进人口进入的积极力量和阻碍人口进入的消极力量，分别称之为该地区的"拉力因素"、人口流出地的"推力因素"。对于某个区域来说，它可能具备"资源枯竭""生产成本提高"等12个推力因素和"更好的就业机会""更好的生活条件"等6个拉力因素，而这些因素共同构成"推—拉"合力，最终决定人口是否发生迁移。

伊沃里特·李(Lee,1966)提出两地对迁移人口影响的"正因素"和"负因素"是构成人口迁移机制的主要原因,并提出"介入障碍"和"个人因素",对"正负因素加总"进行修正,这是对"推—拉"理论进行的进一步拓展。李同时提出人口迁移的以下规律:① 两地各方面差异越大,人口迁移的规模越大;② 人口迁移的年龄结构、性别结构、职业结构影响迁移规模;③ "介入障碍"直接影响人口迁移数量;④ 一个地区的人口大量迁出时,其他地区人口将会迁入进行补偿;⑤ 人口迁移规模与经济周期关系密切;⑥ 人口迁移规模随时间的变化而增长;⑦ 迁移规模与迁移率随经济社会发展阶段的不同而发生波动。

3) 刘易斯、拉尼斯—费景汉的发展经济学理论

在20世纪中叶,发展中国家的经济问题备受瞩目。诺贝尔经济学奖获得者刘易斯(Lewis,1954)以发展中国家尤其是亚洲的发展中国家为研究对象,发表文章《劳动力无限供给条件下的经济发展》,构建二元结构下的人口流动模型。他认为发展中国家的经济系统可以划分为农业经济和工业经济两大部分。农村农业剩余劳动力大量存在,收入水平的差异诱使农业部门剩余劳动力向城镇工业部门转移,即乡村人口向城镇迁移,这一过程一直持续到农业部门剩余劳动力完全耗尽,达到"刘易斯拐点"。

刘易斯首次在古典经济学框架下对发展中国家的人口迁移进行解释,但"农村剩余劳动力的无限供给""农业劳动的边际生产力为零"并不完全符合发展中国家的实际情况,而城镇工业受经济波动和市场干扰也不可能不存在失业。美国发展经济学家拉尼斯和美籍华人发展经济学家费景汉认为,刘易斯的二元结构模型没有足够重视农业自身的增长在促进工业增长中的作用,也没有认识到农业由于生产率的提高而出现剩余产品是农业中的劳动力向工业流动的先决条件。针对这些问题,拉尼斯和费景汉(Ranis et al.,1961)在《经济发展的一种理论》一文中构建了拉尼斯—费景汉模型(Ranis-Fei Model),对刘易斯的二元结构模型进行了修正。他们从农业动态发展和工业均衡增长的角度出发,将城乡人口转移过程划分成不同阶段:一是农业劳动力边际生产率等于零,即农业部门的完全剩余劳动力流向工业部门阶段;二是农业劳动力边际生产率大于零,即劳动力流出造成农业部门劳动力稀缺的阶段,该阶段农业劳动力工资开始上涨;三是农业劳动力的边际生产率与工业部门的边际生产率相同,农业劳动力工资等同于工业劳动力工资。在《劳动剩余经济的发展:理论与政策》一书中指出,拉尼斯和费景汉在1964年将模型进一步扩大(费景汉等,1992)。

4) 托达罗的新古典主义经济理论

美国经济学家托达罗(Todaro,1969)发表文章《发展中国家劳动力转移与城乡剩余劳动力模型》,认为只有对当时发展中国家的农村人口不断流入城镇,但城镇失业率却在不断提高的矛盾现象进行合理解释,才能够

提出科学的人口迁移理论。他认为,从微观层面来看,农业剩余劳动力会在进入城镇之前评估失业风险,并将之与收入提高进行比较,以此作为预期收益。因此即使存在失业的可能性,但当预期收益明显高于为迁移付出的代价时,人口仍由农村流向城镇。在托达罗模型中,预期收益不仅包括工资收入的提升,而且包括权衡收入、失业以及由生活环境改变而产生的其他成本之后的综合预期。人们通过预期收益判断是否迁移,迁移目的地可能并不是当下收入水平最高的区域,但长期来看该区域存在较高预期收益,人口迁移也会发生。最后,托达罗承认由于个体差异的存在,迁移者也存在不同的倾向。

5) 舒尔茨、达万佐的投资—收益理论

美国芝加哥经济学派代表舒尔茨分别于1971年、1981年认为,人力资本是促进国民经济增长的主要原因之一,而人力资本是投资的产物(西奥多·W.舒尔茨,1990;江涛,2008)。他把人力资本投资分为五类,认为"个人和家庭适应于变换就业机会的迁移"也是一种可以得到收益的投资行为。对于迁移个体来说,迁移决策需要在综合权衡迁移成本、投资和可能的收益后做出;而对于整个经济社会来说,人口迁移现象及变化是区域经济发展的晴雨表,能够客观地反映区域社会经济环境的动态相对变化。在此基础上,达万佐(Davanzo,1976)利用成本最小化、收益最大化来解释迁移原因,并将迁移成本总结为交通、信息、心理、待业、迁出地的资产等损失,将迁移收益总结为收入、福利条件、气候条件等的提升。

6) 斯塔克、布卢姆、泰勒的新迁移经济理论

斯塔克和布卢姆(Stark et al., 1985)发表的《劳动力迁移新经济学》一文开创了新迁移经济学派,因此其对人口迁移的机制分析也被称为劳动迁移新经济学理论,此后斯塔克和泰勒(Stark et al., 1989)将该学派理论进一步深化。与新古典主义经济理论类似,该学派也指出迁移选择是理性的,但迁移者做出迁移决策是以家庭预期收益最大为目标,而并非个人的预期收益最大。家庭为了规避整体风险、获得更多收益和福利保障,会促使一个或多个家庭成员进行迁移,以提升整个家庭的预期收益。家庭成员的迁移不仅能促使整个家庭的绝对收入有所增加,而且能提高该家庭在社会中的相对地位,减少"相对失落感"的概率,即通过其家庭成员的迁移,可以摆脱之前整个家庭在当地社会地位相对低下的感觉。

7) 皮奥里的劳动力市场分割理论

劳动力市场分割理论又称双重劳动力市场理论。皮奥里(Piore,1979)在《候鸟:外来务工人员和工业社会》一书中指出,发达国家已经形成了双重劳动力需求市场。其中,本地劳动力更喜欢待遇好、收益高和福利高的工作部门,而不稳定、收益少、福利低的工作常常出现空缺,吸引欠发达国家或地区的劳动力迁移至此进行工作。由于待遇相差较大,欠发达国

家或地区的人们即使从事这种低级劳动也会比他们原来所在国家或地区的待遇好,因此发达国家有所欠缺的工作岗位对他们构成吸引力。

8) 梅西等的社会资本理论

梅西等人(Massey et al.,1993,1998)认为,重复的迁移(Repeat Migration)行为能够为迁移者构筑一个联系迁出地和迁入地的网络。这种人际关系网络,包括亲戚关系、朋友关系、同乡关系、同事关系等,可以为迁移者在目的地寻找工作起到降低成本和减少风险的作用,从而引发更多的迁移行为,使那些竞争能力不是很强的人也能够迁移。移民的各类信息在这个网络中传播,使得计划迁移人口的迁移风险和迁移成本大大降低,在一定程度上推动了人口和劳动力的定向迁移。该理论认为,之前的迁移者会对后来者造成影响,形成前往特定目的地的惯性;久而久之,经济和政治因素对两地间人口迁移的影响越来越小,而移民网络发挥的作用不断加大。

芬德利(Findley,1987)认为,迁移改变了迁出地在收入和土地分配、农业生产组织、迁移文化等方面的社会背景,改变了区域间的人力资本分布和社会分层,从而会形成负的选择性。第一,迁移行为提高了迁移者及其家庭在迁出地的社会经济地位,从而为留守者起到示范作用。留守者感觉到相对剥夺,会出现通过迁移来提升自身地位的想法,最终形成链式迁移。第二,迁移逐渐成为社会文化的一部分并融入个人的价值体系中。因此,越来越多的迁移发生。第三,迁移带来的收入使得一些资本密集型的农业投资行为得以实现,将进一步解放劳动力,或者迁移收入使得家庭成员有了额外收入而放弃了农业活动,从而使得当地经济恶化,引致更多的迁移。

2.1.2 实证分析

在对近期数据进行实证的基础上,西方学者对经典人口迁移理论进行了再论证和不断修正。乌拉(Ullah,2010)对莱温斯坦的迁移规律进行解释和批判,认为人口迁移此时已呈现多样化特征,造成人口迁移的因素也趋于多样化——的确部分人口是为了生存而迁移,也有部分人口迁移是为了提高他们的生活质量或寻求更多财富。赛潘斯(Satpathy et al., 2012)利用"推—拉"理论对奥地利哈尔达地区农村劳动力向城市迁移做出解释,证实社会经济文化条件一直是人口迁移的主要原因。希托娃和希托夫(Shitova et al.,2008)通过对莫斯科地区的劳动力流动指标、人均收入以及其与偏远地区的联系进行评估,揭示莫斯科地区劳动力的空间格局特征,证实"推—拉"理论能较好地解释莫斯科地区的人口迁移现象。

针对人口迁移的空间分布特征,西方学者主张利用新数据、新技术、新模型进行人口迁移研究,提供了更多的人口迁移分布问题的解决方案,大数据为此提供了支撑。迈克尔·托马斯等(Thomas et al.,2014)通过对英国案例的研究发现,不仅官方数据可以用于迁移人口和所涉及区域的经济社会发展的相关分析,而且未加权的商业微数据也可以作为建模和分析的基础数据。里斯等(Rees et al.,2017)首次利用影像工作室(Image Studio)软件对比分析不同国家各自内部的人口迁移情况,揭示人口迁移的方向和速度,并构建新的净移民影响指数来衡量全系统的人口再分配。库古(Courgeau,1992)通过拟合线性回归模型,校正了单个区域的净迁移率(NMR)和群体密度对数之间的关系。米洛斯拉瓦和吉日(Miloslava et al.,2006)对经济和人口指标之间的相关性进行人口迁移模拟,并首次利用非分层聚类方法、决策树、神经网络和回归分析进行运算,回答了捷克共和国内各地的人口迁移问题。库莫(Kumo,2007)研究了俄罗斯区域经济状况对区域内人口再分配格局的影响,并对比苏联解体之前和解体之后的人口流动的显著变化,提出全新的跨区域内外迁移流程矩阵。

不论是发达国家还是发展中国家,城乡之间的人口迁移受到普遍关注,由此带来的城镇化问题成为新晋热点。布朗(Brown,2011)利用英国、美国、匈牙利案例,对发达国家的人口迁移和农村人口的变化进行研究,认为国内净移民现已成为世界较发达地区形成国内人口变化差异的最重要原因。涅费多瓦(Nefedova,2015)通过对俄罗斯居民、国外的永久居留迁移劳工和临时劳务移民进行分析,发现俄罗斯人口劳动力密集程度与俄罗斯中部地区最大城市之间的永久居民人口移动之间有着很高的相关性,并且俄罗斯人口和国外工人的迁移轨迹存在差异。耶尔等(Geyer et al.,2015)通过对1996年至2011年间的南非人口迁移趋势和产业集聚模式进行分析,发现两者在城市化进程中呈现分异特征。小岛(Kojima,1996)讨论了发展中国家最大城市的人口迁移和快速城市化与人口增长之间的相关性,归纳了城市化的特点、政府对人口迁移的政策以及87个发展中国家中农村人口绝对规模的变化。

结合当前经济社会发展的热点问题,西方学者针对不同区域尺度,开展影响人口迁移的因素和人口迁移带来的影响的分析研究。比夹克等(Bijak et al.,2007)通过对27个欧洲国家的人口和劳动力的预测,认为即使是符合规律的人口迁移也不能抵消人口和劳动力老龄化的负面影响。里斯等(Rees et al.,1996)全面分析了欧盟内部的人口迁移对欧盟各国家人口再分配的影响,并提出了相对应的人口迁移政策和人口预测。安鲁等(Unruh et al.,2004)对人口迁移的驱动因素以及人口迁移的多维现象进行研究。对环境和农业经济案例的研究和建模后的结果显示,气候等环境变化将会推动人口迁移。巴贝利等(Barbieri et al.,2010)研究气候变化、经济影响和人口迁移之间的关系,对巴西东北部地区因气候变化所导致的经济表现的变化而产生的人口迁移现象进行分析。研究结果表明,气候变化严重影响农业发展,成为该国其他地区潜在移民的推动因素。

2.2 国内人口迁移相关研究进展

2.2.1 人口迁移的理论体系研究

国内学者在国外先期研究的基础上,进一步发挥人口地理作为交叉学科的特性,深化和拓展理论研究,比较有代表性的有迁移场理论、四元经济理论、人口迁移空间结构演变规律论、梯次流动论、家庭决定论。

迁移场理论。刘启明(1992)认为人口迁移具有的三大空间属性特征,即距离、流向和数量,决定了迁移过程具有场效应,并根据空间相互作用理论及最大熵原理,提出包含"迁移场相互作用强度""迁移场位势"等位势曲线"迁移场流向指数""迁移场密度""迁移场均质度"等在内的"迁移场理论"的概念体系和分析方法。丁金宏等(丁金宏,1994;丁金宏等,2005)总结国内人口省际迁移的三类典型流场形态,即以四川省为源地的辐散流场、以广东省为引力中心的辐合流场和山东与东北的对流流场,指出由于各类原因(如外出务工、婚姻)产生的省际迁移流场特征,并对国内东、中、西三大区域的人口迁移流场进行对比分析,发现不平衡性不断加剧、珠三角成为最大人口吸引中心、市场取代计划成为人口和人才流动的第一动力等变化特征,对迁移场理论进行了实证。

四元经济理论。朱农(2001)在二元经济理论的基础上,提出中国四元经济理论假设,即劳动力转移在传统农业、农村非农行业、城市正规行业和城市非正规行业这个四部门之间进行,并采用逻辑(Logit)回归分析对以上假设进行了检验。

人口迁移空间结构演变规律论。朱杰(2009)建立城市之间最短通行时间的起讫点(O-D)矩阵,模拟长三角地区人口迁移节点联系状态,并由此归纳出人口迁移空间结构演变的一般模式,即"单核集聚"—"多核结构"—"单中心体系"—"多中心网络"。

梯次流动论。杜鹏等(2010)依据"绝对收入假说"和"相对经济地位变化假说"提出迁移人口的"梯次流动"理论,认为在一定的经济社会条件下,迁移者将迁出地与不同迁入地的相对经济地位进行比较,可能会导致他们迁入某地后再进行迁移,从而形成梯次流动。

家庭决定论。盛亦男(2013)对家庭化迁居的概念、类型进行界定,对家庭内依次迁移的成员身份、人力资本存量、成员迁居时间间隔等方面的特征进行归纳,认为家庭迁居是人口流动的更高级阶段,也是促进劳动力合理配置的必经之路。

2.2.2 人口迁移的模型方法研究

由于人口迁移的空间经济属性的存在，国内学者延续西方经济学的研究范式，利用实证对经典模型进行讨论，提出不同阶段的模型修正方案。范力达(1994)对西方人口学两个热点模型——均衡模型与非均衡模型的假设条件和适用条件进行讨论，认为均衡模型与非均衡模型适用于不同的发展阶段。20世纪80年代，生活质量因素与经济收入分布的一致性导致全国人口特别是高教育水平人口由中西部地区大量迁往东南沿海地区，在此背景下，应当把非经济的生活质量因素引进人口迁移的非均衡模型进行讨论。杨云彦等(1999)、米红等(2009)则对重力模型进行了修正，前者建立了多区域模型，后者在默认大多数人口迁移的原因是经济发展不平衡的前提下，对传统的人口迁移重力模型进行了修正，并计算人口重心和经济重心，以两者之间的距离为准则，判断人口分布与经济活动的不平衡程度，进而预测未来人口迁移规模。鲍曙明等(2005)采用罗伯洛特(Roberot)的迁移人口偏好指数来研究省际人口迁移及西部和其他地区人口迁移的形态变化，建立纳拉亚纳(Narayana)人口迁移的修正模型，并对人口迁移因子进行分析。

随着新经济地理学思维的诞生，学者们对空间模型的研究不断深化，地理信息系统在人口迁移研究中大放异彩。景楠(2007)以人口智能体为中心，结合地理信息系统(GIS)利用多层城市环境数据建模，模拟人口迁移、预测城市发展，并以北京市区人口迁移为例进行实证。朱德威等(2014)运用地理系统理论和协同理论，提出用差分积分方程来描述区域空间结构中点面相互作用的集聚效应和扩散效应的动态过程，构建了模拟城乡间、城镇间人口迁移的空间动力学模型，并将宁夏城镇体系作为模型实证研究案例。

2.2.3 人口迁移的发生机制研究

改革开放以来，我国对人口迁移流动限制逐步放宽，人口迁移的研究成果逐步丰富，其中人口迁移机制一直都是研究的热点问题之一。总的来看，国内学者将人口迁移机制归结于"自然环境因素""经济发展因素""交通距离因素""宏观制度因素""个人特征因素""家庭影响因素"等方面。20世纪90年代以来，国内学者对各种影响因素的分析逐步深入。

1) 自然环境因素

自然环境因素对人口迁移的作用机制主要体现在恶劣环境条件影响和区域自然承载力不足对迁出人口的推力上。方金琪(1989)总结了我国历史时期的大规模人口迁移事件,发现中亚和内蒙古高原游牧民族大规模向南迁移,与北方气候干旱、自然灾害频发有关,并认为人口自然增长率在湿润期呈上升势,而气候变化使得增长的人口超出土地供养能力而不得不迁移。张车伟(1994)提出了人口生态学的观点,认为人口迁移与环境容量有密切关系,当人口超出环境容量必然发生人口迁移,这种环境容量的内涵包括自然生态系统与人工生态系统,而后者取决于技术的发展水平和各种社会经济因素。徐江等(1996)将"由于人们赖以生存的自然环境恶化而引起的人口迁移"定义为环境移民,认为实现环境移民有以下三个条件:人口总数超出人口环境容量、人口环境容量大、移民的意愿(包括通过强制性手段而被迫实现的意愿)。秦小东等(2007)通过研究民勤湖区的乡村社区案例,认为在沙漠化地区水资源因子和收入因子是该地区发生移民的决定性因子,并利用回归模型预测了未来 5 年的生态移民人口。李屹凯等(2015)以 1761—1780 年新疆天山北麓移民活动为研究对象,发现在社会经济条件未发生显著变化的背景下,其间发生的 3 次移民高潮均受河西走廊发生的 3 次极端干旱事件影响,而移民高潮的出现滞后迁出地极端干旱事件 1—2 年。

2) 经济发展因素

学者普遍认为区域经济发达程度与人口集聚数量具有正相关作用,但作用大小因地而异、因时而异。李树茁(1994)利用弹性分析法对 20 世纪 80 年代国内人口迁移进行研究发现,省际人口迁移与经济发展水平关系密切,但省内迁移和经济发展水平之间的关系并没有非常密切。王桂新(1996,1997)的研究则表明,20 世纪 80 年代后半期省际人口迁移空间特征由地区经济发展水平及其差异决定,而各省的经济规模差异因素对人口迁出影响较大,经济收入差异对人口迁入影响较大。

区域经济对人口迁移的影响不仅表现在迁入、迁出两地经济规模差异对两地人口的推拉作用上,还表现在经济发展子项指标对人口迁移的影响上。宁越敏(1997)通过对外来人口生存状况的调查,认为内外两个原因导致上海外来人口集聚:一是上海市经济社会的发展导致自身形成庞大的外来劳动力市场需求;二是城乡差异造成农村人口向城市流动的巨大推力。何一峰等(2007)利用 1998—2003 年中国 31 个省区市的面板数据和固定效应回归模型,发现工资、房价和人力资本对迁移决策影响显著,而消费物价水平、失业率和医疗设施等因素对人口迁移决策的影响较小。李立宏(2000)则认为在 20 世纪 80 年代后期,人口迁移特征发生了新的变化,并从 10 类迁移的因子中筛选出"距离因素""经济因素"和"人口变量因素"作为人口迁移的主要影响因素。梁明等(2007)通过构建托达罗模型,证实从 20 世纪末到 21 世纪初,全国"经济快速增长""人均耕地面积减少""城镇就业岗位增多"对城乡人口迁移影响显著,城乡失业率、城乡收入差距对城乡人口迁移影响不显著。李培(2009)进一步利用推—拉模型证实了农村劳动力受教育程度与农村人口城乡迁移存在"倒U形"关系。王桂新等(2012)对2000年、2010年两次全国人口普查数据进行了比较分析,发现省际人口迁入趋于"集中化",迁出则呈现"多极化",长三角、珠三角对人口的吸引力进一步增强,并证实人口迁移集中的主要原因是城镇收入水平的提升。

经济因素是城—乡人口迁移决策的主要影响因素。李秉龙等(2004)认为从乡村到城市的人口迁移取决于城市收益与迁出成本之差。迁出成本包括经济成本和非经济成本,收益则包括经济收益、技能性收益和文化性收益。刘晏伶等(2014)利用多元线性回归模型对2010年第六次全国人口普查数据进行分析,认为迁入地的城镇居民收入与迁移率呈正相关,而迁出地的城镇收入、迁入地的科技文化水平、迁移距离和迁入地的农村收入则与迁移率呈负相关。

3) 交通距离因素

距离与人口迁移呈负相关,因此交通基础设施条件的改善对不同尺度地理空间的人口迁移具有显著的促进作用。王桂新(1993)将各省政府所在地之间的直线距离作为变量进行研究,认为距离是影响省际人口迁移的基本地理要素,但距离对迁入和迁出省份的影响不同。他划分呼和浩特—南宁线,认为距离对该线以东地区各省人口迁出的影响较大,对该线以西地区各省人口迁出的影响较小。曾智超等(2005)通过分析20世纪末期上海市城市轨道交通通车以来的10年数据以及上海市区与周边人口密度变化情况,认为在大城市内部,城市轨道交通促使人们迁出城市人口高密度区。马伟等(2012)利用引力模型对三次全国1‰抽样调查人口迁移数据进行分析,发现交通基础设施改善极大地影响了人口迁移;利用"火车交通时间"量化交通基础设施,证实火车交通时间每提速1%,将会促使跨省人口迁移增加约0.8%。朱杰(2009)通过吸引中心等时圈分析,认为区域快速交通体系布局对人口流动空间格局起引导和支撑作用。

4) 宏观制度因素

蔡昉等(2001,2003)认为,户籍制度既是对本地劳动力市场的保护,也是人口迁移和市场经济发展的障碍;通过对20世纪90年代人口迁移数据的梳理,指出"伴随经济增长的市场化改革程度和市场发育的不平衡性"是决定人口迁移方向的重要因素,并认为"市场发育和开放程度的区域差异"影响劳动力流向。殷晓清(2001)对城乡人口迁移的"农民工"就业模式的基本特征进行了总结和分析,认为"农民工就业模式"事实上是阻碍人口迁移的结构性因素。卢向虎等(卢向虎,2005;卢向虎等,2006)从户籍、土地、社会保障、城市住房供给、城市用工、教育等多个方面探讨了我国制度对农村人口城乡迁移的作用,认为虽然每种制度机理不同,但均对我国农村人口迁往城市起到了阻碍作用。

5）个人特征因素

个人特征因素包括性别、年龄、职业、受教育程度、婚姻状况等。张善余等（2005b）根据第四次全国人口普查数据进行分析，发现男性比女性更容易发生省际迁移，接受过较好文化教育的未婚男性人口最容易发生省际迁移。段成荣（2000）在逻辑斯蒂（Logistic）回归模型的帮助下，证实个人特征如性别、年龄、受教育程度、婚姻状况对省际程度迁移影响较大。梁载（Liang et al.，1997）基于1988年全国生育节育抽样调查资料，认为年龄对迁移的影响最显著，证实在1983—1998年，20—29岁人口最易发生省际人口迁移，但否认婚姻状况和性别对是否发生省际迁移有显著影响。张志良等（1997）提出区域差异只是迁移的外部因素，个人迁移前会经历"意愿""动机""期望"和"决策"四个过程，兴趣广泛、乐意冒险的人更乐于迁移。汪小勤等（2001）认为乡—城迁移是一种不确定条件下的决策行为，农业剩余劳动力能否顺利转移进城的因素中"迁移者的择业能力"是最重要的因素之一，其余因素包括"城市就业概率""有关制度因素的影响"等。王格玮（2004）通过第五次全国人口普查数据，发现受教育程度与人口迁移倾向成正比；年龄与迁移倾向存在"倒U形"关系，且峰值为21岁；已婚人口迁移倾向要比未婚者低。段平忠（2008b）也认为受教育程度是影响迁移的主要原因之一。

6）家庭影响因素

梅西的社会资本理论得到进一步延伸——链式迁移在国内同样得到实证。顾朝林等（1999）通过调查问卷的方式总结大中城市人口迁移的六大规律，即此时我国正处于大规模乡—城人口流动时期；大中城市人口就近、就城、就富迁移倾向明显，家庭式流动成为新的流动方式；城市化水平滞后于工业化水平，呈现摆动人口特征；在迁移状态下，本地劳动力趋向管理、第三产业就业，迁入劳动力趋向第一、第二产业就业，二元化结构明显；有明显的"移民集团"和自然地域劳动分工特色；追求专业适合的工作机会和良好的生活条件是人口向大中城市迁移的主要原因，"链式迁移"是流动人口的主要迁入途径。蔡建明等（2007）也认为迫于家庭成员或社会成员的压力、为了后代能有更好的发展是做出迁移决策的出发点之一，而我国人口迁移可以分为随机性直接迁移、链式迁移、递进式迁移、有组织性迁移和强迫性迁移五种类型，但最主要的是链式迁移。洪小良（2007）通过研究北京市人口抽样数据，发现1984—2006年家庭式迁移发生概率总体上呈逐年上升的趋势。

对家庭影响因素的分析结果显示，老年人口迁移的主要原因是家庭因素。周皓（2001，2002a，2004）研究了家庭户的各种特征对人口迁移的影响，在先行者迁移已经发生的情况下，"家庭户规模""是否有老年人或者子女""住房条件"以及"户主个体特征"是影响家庭迁移的主要因素。他进一步对北京老年人进行调查和回归分析,发现户主是否是迁移人口对老年人迁移到北京影响较大,而孙辈需要被照顾并非是老年人迁移的主要原因。同时,老年迁移人口的受教育程度要高于本地人口。孟向京等(2004)研究发现家庭团聚是老年人口迁移的主要目的,而决定迁移的主要因素包括"自身因素""迁入地子女的经济状况""子女与老年人的关系"以及"迁入地自然社会环境"等。刘颖(2014)认为老年人迁移的主要原因是家庭因素,但城市和农村存在差异。一般城市老年人迁移以照顾子女和孙辈为主,而农村老年人则多是投靠子女。同时,北上广深仍是老年人的主要迁入地。

7) 其他影响因素

生活条件优劣和文化环境异同对人口迁移具有不同程度的影响。张启春等(2008)和罗鸣令(2009)认为"寻求良好的发展空间"只是人口迁移的直接或表面原因,更深层次的原因是公共服务的非均等化问题——城乡之间、地区之间的教育、医疗、就业保障差异才是人口迁移的潜在原因。李斌(2008)从迁入地的"排斥力"视角分析人口迁移的条件,认为除了户口制度、工作机会、迁入地的社会福利保障制度对迁移人口产生的高生活成本外,有无城市住房是影响流动人口做出永久性迁移决策的关键因素;北上广等大城市的房价远高出合理范畴,对潜在迁入者的筛选更严格。李扬等(2015)在对1985—2010年中国省际人口迁移的研究中提到,在北方广大地区通话、交流并没有太大障碍,而南方语言差异较大,同时南北方人的性格特点及价值观也影响省际人口迁移。

2.2.4　人口迁移的时空特征研究

1) 人口迁移规模与方向特征研究

张善余(1990)将20世纪50—70年代我国人口迁移方向总结为由东南向西北,由沿海向边疆,由城市向农村,由人口稠密区向人口稀疏区,由发达地区向不发达地区,但80年代以来随着改革开放的深化,该趋势发生了颠倒。周一星等(2003)认为,全国在以沿海地区为主要迁入地的总格局下,各地区形成了相对独立的西北、西南、东北人口联系子系统,以及以珠三角、长三角、京津冀等沿海各集聚核为核心的紧密联系区。

魏星等(2004)从东、中、西三大地带角度考察了跨地带人口迁移的数量与流向及分布、移民基本属性、在业状况及迁移原因等方面的特征,认为跨地带人口迁移是省际人口迁移的主要模式和重要组成部分。王国霞等(2007)对比第四次全国人口普查与第五次全国人口普查数据发现全国范围内农村人口迁移呈现以下特征:迁移规模增大,但占全国人口迁移的份额降低;东部地区更倾向于城镇人口迁移,而中西部农村人口迁移比例更高;农村人口主要流向经济发达省份,但东部地区以省内迁移为主。李薇

(2008)根据2005年全国1‰人口抽样调查数据,采用人口迁移选择指数法发现省际人口迁移活跃区域为南方及沿海地区;京津地区及南方沿海地区是人口迁移吸引中心,秦岭—淮河以南的内陆省份是人口外迁中心。刘望保等(2012)证实2005—2010年省际人口迁移规模逐步增加,迁移方向以从四川、湖南、江西、河南和安徽等省份向东南沿海发达地区迁移为主,且有增强的趋势;长三角社会经济的快速发展使得区域迁入规模增加,迁入总量接近广东省,而广东省的迁入规模在大规模增加的同时,向周边省区迁出的人口规模也在大规模增加。于潇等(2013)通过对比第五次全国人口普查、第六次全国人口普查数据,分析了我国目前迁移人口特征的变化,认为上海、北京和浙江是新时期三大人口迁入中心。闫庆武等(2015a,2015b)基于GIS空间计算优势对最大联系线等六个空间指标进行计算,发现1995—2010年我国东部地区相比西部地区人口迁移更加活跃,而1985—2010年全国各省内人口迁移总量不断变大,七大经济区间的净迁移方向为由北向南、由西向东。

但也有学者对我国迁移数据的真实性产生怀疑。杨云彦(2003)建立漏报率估算的计量经济与线性拟合模型,并根据20世纪50年代以来的数据总结了中国人口迁移强度的主要特征:一是计划经济时期的低流动性特征,这一特征与抑制城市化的政策同步形成,与社会主义国家的低度流动性趋势有相似之处;二是改革开放以来中国人口的活跃程度迅速提高,实际迁移强度已经达到50年来的高点,正在接近发达国家20世纪80年代初的低端水平。

2) 人口迁移阶段性变化特征研究

由于影响因素复杂,人口迁移现象本身具有明显的时间演变特征,学者们从空间集聚、时代环境、迁移规模和增速等不同视角,探讨了人口迁移时空演变的分阶段特征。杨云彦(1992)认为20世纪80年代以后,宏观环境变化引起了全国人口迁移转变,表现在三个方面:方向上,由传统的向北方迁移转换为向东南迁移;性质上,由外延型的开发性迁移转变为集聚性的内涵性迁移;就业上,从事第二、第三产业的迁移人口占比增加。穆光宗(1994)也有类似观点。于蜀等(1998)基于1995年抽样人口统计数据,发现20世纪90年代以来我国人口迁移呈现新特点:迁移规模收缩,迁移流向的地域类型趋于多元化,空间趋于分散化。王桂新(2000)根据人口迁移选择指数,指出改革开放以来中国省际人口迁移的"单向梯度东移"模式已开始出现东强西弱非对称"双向"迁移的变化;人口迁移持续向东部地带"集中",迁移吸引中心发生"多极化""强势化"变化;已逐步形成北京、上海、广东等强势吸引中心。韩惠等(2000)利用人口密度等值线对比分析1933—1990年全国人口分布变化,认为社会经济的发展是造成人口聚集的关键因素。李玲(2001)根据全国迁移人口的迁移规模、增长速度、迁移距离等的变化,将改革开放以来人口迁移划分为1978—1983年、1984—1998年、1989—1995年、1996年至今四个阶段。杨传开等(2015)对比第五次全国人口普查和第六次全国人口普查数据,采用地理集中指数、人口迁移重心、社会网络分析指标、人口迁移综合指数来研究中国省级人口迁移空间分布与迁移流向,发现2000—2010年省际迁入和迁出人口在全国呈逐步分散态势,迁入与迁出的重心均向东、向北偏移,东部地区作为迁入地、中西部地区作为迁出地的态势没有改变,中部地区迁出人口占全国的比重仍在提高,东北地区以人口迁出为主。根据他们的计算,省际迁移在10年间对全国城镇化率增加的贡献占到了18.13%。

3) 人口迁移群体结构特征研究

不同的群体具有不同的迁移行为特征。朱传耿等(2001)采用调查问卷的方式对北京、天津、唐山、廊坊和昆山五个城市占比最多的迁移人口特征进行分析,如年龄结构(青壮年最多)、性别结构(男性)、文化结构(初中)、户口结构(农业户口或临时户口)。张善余等(2005b)基于第四次全国人口普查和第五次全国人口普查数据,发现全国迁移人口中女性的增长速度显著超过了男性,主要迁入地为东部沿海地区,而主要迁出地为江西、湖南、安徽、四川等省;对女性迁移造成影响的因子主要有结婚、受教育程度、民族等。唐家龙等(2007)发现20世纪90年代以来中国人口迁移具有较强的年龄选择性和教育选择性,但在青年迁移者中,女性所占比例有所上升且呈现出女性迁移风险高于男性的态势。王胜今等(2007)采用教育年限来量化计算人力资本流失情况,对受小学教育赋值6,对受初中教育赋值9,以此类推。结果证明,1995—2000年人力资本总量在东北地区严重流失。魏星等(2004)在分析全国东、中、西跨区域人力资本变化时也曾用过类似方法。

2.2.5 人口迁移的作用影响研究

1) 对宏观经济效率的影响

人口迁移对宏观经济效率的影响视经济发展阶段而定。王德等(2003)认为1985—2000年人口迁移对我国区域经济不均衡发展态势具有减缓作用。王桂新等(2005a)对中国改革开放以来省际人口迁移对20世纪90年代区域经济发展的作用关系及贡献大小进行研究,发现省际人口迁移对区域经济发展具有明显的同步即时效应和异时累积效应,东部地带的同步即时效应和异时累积效应都表现为积极促进作用,中西部地带两者的作用关系前期呈负向作用、后期则转为正向作用,总体上人口迁移具有经济合理性。段平忠(2008a)认为,全国人口迁移在不同阶段的影响完全不同:1978—1987年,人口流动扩大了东西地区的内部差距,但缩小了中部地区的内部差距;1996—2003年,人口流动加剧了全国各地区间的经济差距,但减缓了东部地区内部差距扩大的趋势。杜小敏等(2010)认为人口的迁移和流动对中国整体经济来说是一个帕累托改进。

2) 对迁入地经济社会发展的影响

范力达(1992)、马金龙等(2006)、李东(2009)、王桂新等(2010)学者的研究证明,人口迁移与经济发展具有高度关联,对迁入地的经济发展有促进作用。陈沁等(2003)认为农村 15—49 岁劳动力快速向城镇迁移为城镇基本养老保险制度带来了大量的"养老金红利",对我国维持稳定的社会保障系统同样具有重要意义。王桂新等(2005b,2006)认为人口迁移促进发达区域第三产业的快速发展,对其经济增长极化起到促进作用,这种促进作用,既有同步即时作用,又有"滞后累积作用"。王春艳等(2007)利用空间计量学方法分析了 1997—1999 年广东省人口迁移与房地产价格之间的关系,证明人口迁移对房地产价格影响显著。杨倩(2015)认为人口迁移与区域创新存在双向因果关系,人口迁入通过产生人力资本积累和知识溢出效应对区域创新影响显著,反过来区域创新水平提升能加快区域人口迁入。

3) 对迁出地经济社会发展的影响

人口迁移对迁出地的影响也具有两面性。范力达(1997)认为人口迁移对贫困地区的经济社会影响巨大而且积极,但由于贫困地区自身条件所限,容易在低人口迁移率的恶性循环里无法自拔。他同时指出,合理地增加人口迁移是促进贫困地区脱贫的可行方案。杨靳(2006)、刘昌平等(2008)认为在缓解城镇人口老龄化问题时,农村劳动力向城镇的迁移给农村人口老龄化带来的后果是灾难性的,进而提出新的农村保障制度应当加快完善。

4) 对迁移者自身发展的影响

迁移行为对迁移者自身的影响因迁移者自身条件和素质的不同而存在巨大差异。基于中国综合社会调查数据库,孙三百等(2012)研究发现迁移群体代际收入弹性远低于未迁移群体,更容易延续父辈的收入水平。按照代际收入弹性从低到高进行排序,收入方面的排序是"低收入迁移者""高收入迁移者""低收入未迁移者",而教育方面的排序是"低教育迁移者""高教育迁移者""低教育未迁移者"。杨菊华(2009)认为人口迁移后融入当地的情况不尽相同,其步骤通常是经济整合、文化接纳、行为适应、身份认同,而最终,社会融入结果可以提炼为隔离型、多元型、融入型、选择型、融合型五种模式。

2.2.6 特定研究对象的实证研究

1) 对历史时期人口迁移的考证

学者们通过分析人口迁移的历史过程,更新了对各历史时期的经济、社会、人文发展状况的认知。费省(1989)对我国唐代主要人口迁移事件进行汇总,发现生产力水平、社会矛盾特点决定了人口迁移的规模,社会条件决定了人口迁移的强度,迁入区地理位置和社会治乱则决定了人口迁移的方向。赵耀辉等(1997)利用1986年中国74个城镇人口迁移抽样调查资料,分析了中国自1949年至20世纪80年代中期城乡劳动力迁移的历史过程,认为1949年后的农村人口迁移入城与历史政治事件密切相关,政策是导致农民迁移规模较小的原因,而国家持续制定限制城乡人口迁移的主要原因是为确保粮食供给安全。徐辉(1998)将我国清代中期人口迁移的种类分为农垦型、商贩型和工匠及佣工型,认为区域分工是导致产业人口迁移的主要动因。薛平拴(2001)对我国明清时期陕西地区人口迁移现象进行分析,认为人口迁入对当地经济具有促进作用,但也有两面性,如对自然生态环境造成破坏。安介生(2004)借鉴西方迁移理论,提出了历史时期发生于中国境内的移民运动五法则,即政治主导法则、人口密度及人口承载力决定移民法则、灾荒与移民法则、民族迁移法则、移民与文化区特征法则。

2) 对特定国家人口迁移的实证

国内的文献中对国外人口迁移的研究凤毛麟角,主要是对特定国家的人口迁移影响因素进行研究。于蜀等(1999)在分析20世纪80年代以来美国区际人口迁移状况的基础上,从社会、经济、环境、人口状况等方面,对美国区际人口迁移的动力机制进行综合研究。陈奕平(2002)基于2000年美国人口普查的最新数据及1993—2000年美国人口普查局的"当前人口报告",认为就迁移者本身的特征来看,青年人、有色人种及西裔人口、单身及离婚者、低收入者、租房者更易迁移;促成美国人口流动的因素大致可以分为经济因素和非经济因素两大类,其中经济因素包括经济环境、就业机会及住房等,非经济因素包括迁移者年龄和婚姻、自然环境及治安等。

3) 对特定省份人口迁移的实证

特定省份的迁移人口空间分布特征和规律是我国人口迁移的重要研究内容。郑连斌等(1995)基于第四次全国人口普查数据,发现1953年之后内蒙古自治区人口重心的移动轨迹向"呼包鄂"地区转移。蔡昉(1996)通过调查问卷分析,认为山东省人口迁移特征比全国其他区域更具有"生产性",但总的来说,长期对迁移和流动的政策阻碍和改革开放以来的政策放松诱发了20世纪90年代初人口迁移规模的扩大。张毅等(1999)认为新疆兵团人口迁移经历了"规模快速增长""迁移数量降低""人口负增长""迁移量恢复增长"四个时期,认为迁移人口对科研创新、资源利用、经济发展起到积极作用。王桂新等(2007)基于罗杰斯年龄—迁移率模型,认为珠三角的省际人口迁移以经济原因居多,而长三角的省际人口迁移以社会原因居多,说明不同区域的历史传统、经济结构、产业模式及社会文化背景对人口迁移有不同程度的影响。臧磊(2014)对江苏省人口迁移近20年的演变特征进行研究,发现经济发展水平、社会发展水平、人口自然增长作为影响因素的内力,区域发展政策作为影响因素的外力,共同影响江苏省人口迁移行为;同时,投资水平和消费水平对苏南、苏北的影响出现分异。李晋玲等(2007)采用系统动力学方法对陕西省人口迁移和人口城市化水平进行了分析,认为"城乡收入差距加大""科技水平提升""对农村土地的占有采取严格控制"会促进人口迁移和人口城市化水平,"农村人口自然增长率上升"会提高人口迁移数量但降低人口城市化水平。袁晓玲等(2008)利用因子分析方法和主成分分析法,认为经济水平、教育水平、城市基础设施水平、环境因素是影响陕西省人口迁移的主要原因,其中经济教育因素是人口迁移的内在动力,基础设施环境因素是次要因素。张苏北等(2013)引入迁移选择指数概念,建立了安徽省人口净迁移指数的多元线性回归模型,揭示"环省会迁出圈""皖南迁出区"是省内主要迁出地;"省会迁入区""马芜铜迁入区"和"两淮迁入区"是省内主要迁入地,并认为"三次产业比重""城镇从业人员比重""城市公园数量"是影响安徽省省内人口迁移的重要因子。铁索严等(2015)提出用人口迁移强度指数和人口迁移的空间阻尼系数,分析归纳新疆省际人口迁移的空间特征及迁移空间模式。

4) 对特定民族人口迁移的实证

少数民族的迁移行为不仅是人口的空间位移,而且意味着文化甚至是文明的融合。通过对区域或城市的少数民族流动人口规模和空间特征变化以及所造成的影响进行分析,郑信哲(2001)认为我国不同少数民族地区的推力和发达地区的拉力共同构成了少数民族人口迁移的原因。乌兰察夫(2004)认为少数民族的迁移行为促进了自身传统意识的转变,增强了聚居区的民族自我意识。张继焦(2004,2005)认为城市中的少数民族并不只是被动地迁往发达城市,他们也以劳动力补充的方式为发达城市做出巨大的贡献。张善余等(2005a)认为其他民族的偏见、迁移人口的素质不高甚至"报复行为"常常导致少数民族移民不易被当地接受,成为制约少数民族人口迁移的因素。汤夺先(2007)、高向东等(2015)通过对更多个案和发展趋势进行研究,提出鼓励少数民族向发达地区迁移的激励措施。

2.2.7 东北地区人口迁移及相关问题研究

学者们对东北地区人口迁移的观察集中于三个时间维度。

一是针对始于19世纪中叶的人口大规模迁移的研究。胡焕庸(1982b)对自夏商起的东北地区人口发展史进行整理,绘制东北地区人口密度图,并根据1881—1981年东北地区人口由445万人上升到9 000万人这一数据,认为如此移民规模"世界罕见"。王国臣(2006)在史料整理的基础上分析了近代东北人口增长对经济发展的影响,主要是"增加全国粮食供给""促进东北贸易发展""缓解了其他地区人口压力""促进工业进步"和"提高土地利用效率"。任启平等(2004)通过对历史文献的整理,对东北地区百年来的"人口因素""城市发展因素""交通因素"与"环境因素"规律进行了研究,指出上述四个因素在经济因素与政治因素的影响下,共同作用于东北地区的人地关系。范立君(2007)基于大量史料,叙述了1861—1931年东北地区移民与社会变迁,对包括年龄、性别、职业、阶级构成在内的移民者特征进行了研究,并对清代、民国政府东北移民政策演变做了梳理。

二是针对中华人民共和国成立后的东北地区人口迁移现象的研究。于潇(2006)将中华人民共和国成立后的东北地区人口迁移划分为"1949—1957年""1958—1962年""1963—1980年""1980年以后"四个阶段,认为迁移人口对东北的自然资源、农业、工业增长做出了巨大贡献。

三是自第四次全国人口普查以来,对东北地区人口迁移的空间、机制和规律的研究。随着全国人口普查数据的细化,学者们对地级市行政单元的人口迁移分析逐步展开。谷国峰等(2015)证实了在1990—2003年,东北36个地级行政单元的人口不断集中,而人口重心发生从东北向西南的移动,同时认为自然环境、经济发展水平、交通可达性以及历史政策影响了东北地级市人口变化。王晓峰等(2016a,2016b)认为人口因素对东北地区的经济贡献越来越小,而人力资本问题是东北地区经济近年来陷入困境的重要原因之一,未来还将影响到经济增长、消费需求、发展动力、社会保障体系建设。孙平军等(2011)运用协调度评价模型和均方差赋权法,对东北地区地级市的人口、经济、空间城市化水平的空间分异进行研究,结果表明三者的城市化协调度较低,且区域差异明显,由南往北递减趋势非常明显,其中人口城市化整体呈现出由北往南递减的趋势,而经济城市化则呈现出由南往北递减的趋势。杨青山等(2011)基于东北地区36个地级行政单元的第五次全国人口普查数据,利用"区域城市人口中心度"和"分散度指标"对各市域城市人口空间结构进行测度,结果表明首位城市人口规模与劳动生产率呈正相关;中心度对劳动生产率的作用不明显;分散度与劳动生产率呈负相关,并受市域人口规模、市域尺度二者影响。刘新荣(2011)基于第五次全国人口普查数据分析了人口迁移的发展历程、人口变动的特征、迁移人口的结构等问题;通过实证分析方法和规范分析方法,并结合理论分析和计量分析阐述了东北地区人口与经济发展的关系。侯力等(2015)认为当前东北地区存在人口净迁出、人口老龄化、人口出生率过低、边境地区人口流失等人口问题,在宏观政策方面应着力从"全面开放二胎政策""实行社会保障资金全国统筹""提供延边地区居民补贴""加快推进公共财政均等化"方面做出调整。王晓峰等(2014)基于"三类地区人口流动及其影响因素监测调查"的家庭问卷调查数据,利用聚类分析和二元 Logistic 回归等分析方法,对影响东北边境地区人口流动的因素进行分析,证实年龄、婚姻状况、户口性质、外出 6 个月以上经历、家庭规模、文化水平等变量对东北地区人口的流动决策具有显著的影响。

2.3 研究进展总体评述

2.3.1 对国外人口迁移理论与实证研究的评述

在西方学者关于人口迁移的研究中,其研究内容和方法跟随主流经济学进展不断更新自身的理论体系和模型,而近期的研究则进一步融入了地理学、社会学内涵,总的来说包括以下内容:

① 西方学者为人口迁移理论发展做出巨大贡献。莱温斯坦"人口迁移规律"的理论框架是地理学人口研究的开山之作(马侠,1992)。人口迁移现象发生的客观条件是"可用于比较的、具有不平衡的经济社会发展条件的迁出地和迁入地",人口迁移的两大基本研究类型是"城乡迁移""跨区迁移",这些观点得到了国内学者的认同,"'推—拉'模型""引力模型""重力模型"等成为国内外广泛应用的迁移机制分析方法,"二元经济""链式迁移"等机制得到了国内学者的广泛认同。

② 不论研究对象是发达国家、发展中国家或者是普遍对象,大多数学者共同认可的基本假设条件是"开放的市场经济"和"人口的自由流动",所不同的是有的从宏观角度认为人口迁移是劳动力供给与转移机制所导致的必然现象(发展经济学派等),有的从微观角度认为人口迁移由个人经济收益驱动(新古典主义经济学派、芝加哥学派等),有的则关心迁移者所在的社会机制与其心理变化(移民网络理论等),然而,"开放的市场经济"和"人口的自由流动"的基本假设条件因在现实中存在区域壁垒而存在一定的缺陷。

③ 在迁移机制分析中,自然生态、人居环境等因素往往被忽略,其原因之一是将人口迁移首先与工业化建立了联系;在迁移机制分析中,微观层面的"个人因素"越来越受到重视,但很多理论仍旧忽视了个人动机受控于社会结构的变化的现实(李家伟等,2007)。事实上,特别是在发展中国家,社会结构的变化为迁移者提供了选择机会,使一部分人成为潜在的迁移者进而做出迁移决策。综上所述,西方人口迁移理论、模型和假说虽然具有一定的不足,但仍对我国人口迁移理论与实证研究具有很好的借鉴意义,对于迁移距离、迁移流向、迁移者特征等的分析方法也仍适用于当前我国的经济社会发展背景。

2.3.2 对国内人口迁移理论与实证研究的评述

我国是世界上具有人口记载最早的国家之一,但相对于西方国家,近代对于人口迁移的研究并不多,20世纪80年代前的人口迁移研究更多的是对于人口规模数量和人口籍贯的统计(胡焕庸,1982a)。改革开放以来,在人口普查、抽样调查等基础数据的支持下,在地理学、人口学、经济学、社会学、历史学、生态学、管理学等学科的融合发展下,我国的人口迁移研究得到了跨越式发展(王嗣均,1990;张文新等,2004;刘劲松,2014)。从1900年初到2015年底,以"人口迁移"为关键字在中国知网上进行检索,检索到期刊论文、会议论文、硕博论文、报纸文献共计3 095篇,发表数量呈逐年上升趋势(图2-1),研究内容也由最初的人口学基本要素研究拓展到人地关系研究、经济社会影响研究等各个方面。

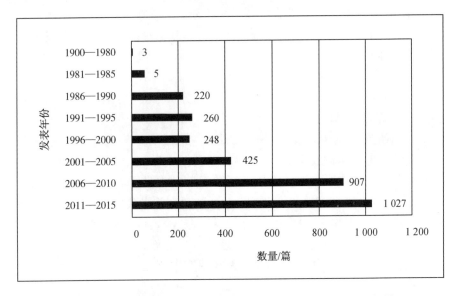

图 2-1　1900—2015 年论文关键字中含有"人口迁移"的论文数量

当前我国研究进展的特点可以总结为以下四点:

① 国内学者更加注重实证研究,研究成果有很强的时效性,这与人口地理学的学科特性有关。在现有成果中,"人口迁移的规模与空间特征"和"人口迁移发生机制"两方面的成果最为丰富,其次是"人口迁移的经济社会影响"。从研究时序上来看,受改革开放后户籍政策逐步变化、人口迁移统计数据逐步丰富的双重影响,1990年以前的研究更倾向于对人口迁移的统计学和地理分布特征的研究,学者们通过与发达国家历史阶段对比而呼吁人口迁移自由化;1990—2000年侧重于经济结构变化对人口迁移的影响研究,力求在经济快速发展条件下对劳动力宏观供给和城乡流动给予

解释,数据对象多为省际人口迁移;2000年以后在更多人口迁移对比数据的支撑下,更侧重于个人及家庭偏好等决策因素对人口迁移的影响研究,并将关注点转移到老年人、农民工、女性等特殊群体上,加大了对城市化、区域不均衡发展、人力资本流失等问题的研究。我国在未来一段时期内仍处于转型发展阶段,而这些问题正是此时发展中国家转型阶段的热点问题,很多问题本身也没有前车之鉴,现有成果对我们现阶段正确认识人口迁移本质和影响具有重要意义。

② 国内研究深度融合各个学科,近年来地理学的思维方式和计算机工具为相关研究提供了更多支持。20世纪80年代,人口学、地理学、经济学、社会学、历史学等各个学科的学者仍从各自学科角度发表见解,但随着研究的深入,单一学科、单一方法已经无法用来研究中国人口迁移的复杂问题,一篇研究成果中不再是经济学者论二元经济、人口学者论人口特征,而是学科广泛融合,其他学科也提供了更多的辅助研究。进入21世纪以来,人口迁移"计量地理与地理信息系统相结合"的空间分析方法成为研究人口迁移更直接的途径,"人地关系"则成为解密人口迁移更理性、更广阔的分析视角。我国国土面积幅员辽阔,经济发展不平衡的状态长期存在,社会问题也将带有不同的区域差异,上述地理学思维和方法仍将得到进一步的发展和引用。

③ 理论研究跟随西方思维,但是一些研究方法的科学性有待斟酌,在一些研究领域,科学的研究方法有所匮乏。在概念体系方面,对"人口迁移""人口流动"的概念界定尚存在认识分歧。在理论研究方面,已有研究成果中分析现状较多、演绎规律较少,对人口迁移的空间分布认识方式相对单一;多数学者都是基于本章第一节西方学者的思维框架进行研究,并未归结出新的思维框架。在方法方面,回归模型与相关模型因数据的可获得性增强而得到广泛应用,但几乎所有对迁移发生机制的研究都默认经济差异发生在人口迁移之前,周皓(2002b)曾提出这个隐含假设有待于进一步商榷。在实证方面,对全国、省际迁移人口研究较多,对城市及以下层面研究较少;对发达地区或迁入地研究较多,对落后地区或迁出地研究较少;对影响迁移的经济社会因素研究较多,对生态人居影响因素研究较少;对社会底层迁移者个人特征研究较多,对高素质迁移人口特征研究较少;对迁移行为研究较多,对迁移意愿研究较少。同时,在人口迁移研究的时序格局和演变机制方面,对静态人口分布研究较多,对动态人口分布演变研究较少,对长时间跨度的动态人口分布演变规律研究更少。关于国内人口迁移机制研究的模型、方法、数据来源、主要结论等情况,在第7章将进一步展开对比论述。

④ 东北人口迁移成果不少,但相关研究并不完善。近代关内移民等历史背景,使得东北地区移民问题历来就备受关注。学者们利用人口普查

与抽样调查数据,对 20 世纪 90 年代至今东北地区的人口学特征、人口与经济发展的相互作用关系进行分析,并取得一定进展,一致认为人口问题是东北发展的隐忧,但尚未涉及东北地区人口外迁目的地偏好及机制、迁移与社会发展相互作用等问题的研究,以及东北三省之间人口迁移的系统对比分析。

第 2 章参考文献

阿瑟·哈波特,托马斯·凯恩,2001. 人口手册[M]. 汤梦君,译. 北京:中国人口出版社.

安介生,2004. 历史时期中国人口迁移若干规律的探讨[J]. 地理研究,23(5):667-676.

鲍曙明,时安卿,侯维忠,2005. 中国人口迁移的空间形态变化分析[J]. 中国人口科学(5):28-36.

蔡昉,都阳,王美艳,2001. 户籍制度与劳动力市场保护[J]. 经济研究,36(12):41-49.

蔡昉,王德文,2003. 作为市场化的人口流动:第五次全国人口普查数据分析[J]. 中国人口科学(5):11-19.

蔡昉,1996. 山东省的人口流动:原因、趋势以及与全国的比较[J]. 山东经济(2):18-21.

蔡建明,王国霞,杨振山,2007. 我国人口迁移趋势及空间格局演变[J]. 人口研究,31(5):9-19.

陈沁,宋铮,2013. 城市化将如何应对老龄化?:从中国城乡人口流动到养老基金平衡的视角[J]. 金融研究(6):1-15.

陈奕平,2002. 当代美国人口迁移特征及原因分析[J]. 人口研究,26(4):59-65.

丁金宏,刘振宇,程丹明,等,2005. 中国人口迁移的区域差异与流场特征[J]. 地理学报,60(1):106-114.

丁金宏,1994. 中国人口省际迁移的原因别流场特征探析[J]. 人口研究,18(1):14-21.

杜鹏,张文娟,2010. 对中国流动人口"梯次流动"的理论思考[J]. 人口学刊,32(3):25-29.

杜小敏,陈建宝,2010. 人口迁移与流动对我国各地区经济影响的实证分析[J]. 人口研究,34(3):77-88.

段成荣,2000. 影响我国省际人口迁移的个人特征分析:兼论"时间"因素在人口迁移研究中的重要性[J]. 人口研究,24(4):14-22.

段平忠,2008a. 1978 年以来我国地区差距形成过程中人口流动的影响分析[J]. 中国人口·资源与环境,18(5):27-33.

段平忠,2008b. 我国流动人口行为的影响因素分析[J]. 中国地质大学学报(社会科学版),8(1):70-75.

段平忠,2008c. 我国人口流动对区域经济增长收敛效应的影响[J]. 人口与经济(4):1-5.

范力达,1992. 我国八十年代末期区域间人口迁移和经济发展[J]. 人口学刊,14(5):1-6.

范力达,1994. 人口迁移的均衡模型与非均衡模型评述[J]. 中国人口科学(5):1-7.

范力达,1997. 人口迁移对贫困地区发展的影响:一项非经济因素的考察[J]. 人口学刊,19(5):29-33.

范立君,2007. 近代关内移民与中国东北社会变迁(1861—1931)[M]. 北京:人民出版社.

方金琪,1989. 气候变化对我国历史时期人口迁移的影响[J]. 地理科学,12(3):230-236.

费景汉,古斯塔夫·拉尼斯,1992. 劳动剩余经济的发展:理论与政策[M]. 王璐,赵天朗,张也男,等译. 北京:经济科学出版社.

费省,1989. 论唐代的人口迁移[J]. 中国历史地理论丛,4(3):49-58.

傅义强,2007. 当代西方国际移民理论述略[J]. 世界民族(3):45-55.

高向东,陶树果,2015. 上海市少数民族流动人口定居性研究[J]. 云南民族大学学报(哲学社会科学版),32(5):81-86.

谷国锋,贾占华,2015. 东北地区人口分布演变特征及形成机制研究[J]. 人口与发展,21(6):38-46,94.

顾朝林,蔡建明,张伟,等,1999. 中国大中城市流动人口迁移规律研究[J]. 地理学报,54(3):204-212.

韩惠,刘勇,刘瑞雯,2000. 中国人口分布的空间格局及其成因探讨[J]. 兰州大学学报,28(4):16-21.

何一峰,付海京,2007. 影响我国人口迁移因素的实证分析[J]. 浙江社会科学(2):47-51.

洪小良,2007. 城市农民工的家庭迁移行为及影响因素研究:以北京市为例[J]. 中国人口科学(6):42-50.

侯力,于潇,2015. 东北地区突出性人口问题及其经济社会影响[J]. 东北亚论坛,24(5):118-126.

胡焕庸,1982a. 我国人口地理分布概述[J]. 人口研究,6(4):25-29.

胡焕庸,1982b. 东北地区人口发展的回顾与前瞻[J]. 人口学刊(6):60-64.

江涛,2008. 舒尔茨人力资本理论的核心思想及其启示[J]. 扬州大学学报(人文社会科学版),12(6):84-87.

景楠,2007. 基于多智能体与GIS的城市人口分布预测研究[D]. 广州:中国科学院研究生院(广州地球化学研究所).

李斌,2008. 城市住房价值结构化:人口迁移的一种筛选机制[J]. 中国人口科学(4):53-60.

李秉龙,李毳,2004. 农民进城就业的成本收益与行为特征分析[J]. 农业经济问题,25(10):37-40.

李东,2009. 人口流动与重庆经济发展的灰色关联度分析[J]. 西北人口,30(3):4-7,13.

李家伟,刘贵山,2007. 当代西方人口迁移与流动的理论、模式和假说述评[J]. 新学术(5):83-85,53.

李晋玲,刘人境,贺柯柯,2007.陕西省人口迁移与人口城市化系统动力学分析[J].西安交通大学学报(社会科学版),27(3):44-50.

李竞能,1992.当代西方人口学说[M].太原:山西人民出版社.

李立宏,2000.中国人口迁移的影响因素浅析[J].西北人口,21(2):37-40.

李玲,2001.改革开放以来中国国内人口迁移及其研究[J].地理研究,20(4):453-462.

李培,2009.中国城乡人口迁移的时空特征及其影响因素[J].经济学家(1):50-57.

李树苗,1994.中国80年代的区域经济发展和人口迁移研究[J].人口与经济(3):3-8.

李薇,2008.我国人口省际迁移空间模式分析[J].人口研究,32(4):86-96.

李扬,刘慧,汤青,2015.1985—2010年中国省际人口迁移时空格局特征[J].地理研究,34(6):1135-1148.

李屹凯,张莉,2015.1761—1780年极端气候事件影响下的天山北麓移民活动研究[J].陕西师范大学学报(自然科学版),43(5):84-89.

梁明,李培,孙久文,2007.中国城乡人口迁移数量决定因素的实证研究:1992—2004[J].人口学刊,29(5):35-39.

刘昌平,邓大松,殷宝明,2008."乡—城"人口迁移对中国城乡人口老龄化及养老保障的影响分析[J].经济评论(6):31-38.

刘劲松,2014.中国人口地理研究进展[J].地理学报,69(8):1177-1189.

刘启明,1992.人口迁移的空间过程及其迁移场研究[J].中国人口科学(6):13-18.

刘望保,汪丽娜,陈忠暖,2012.中国省际人口迁移流场及其空间差异[J].经济地理,32(2):8-13.

刘新荣,2011.东北地区人口变动及对经济发展的影响[D].长春:吉林大学.

刘晏伶,冯健,2014.中国人口迁移特征及其影响因素:基于第六次人口普查数据的分析[J].人文地理,29(2):129-137.

刘颖,2014.中国老年人口迁移特征与影响的实证研究[D].北京:首都经济贸易大学.

卢向虎,朱淑芳,张正河,2006.中国农村人口城乡迁移规模的实证分析[J].中国农村经济(1):35-41.

卢向虎,2005.制度是如何阻碍我国农村人口向城市迁移的?:论制度对城乡人口迁移的作用机理[J].调研世界(6):30-32.

罗鸣令,2009.公共服务非均等化:人口迁移的财政制度原因[J].经济论坛(16):14-16.

马金龙,李莉,2006.人口流动与区域经济发展关系的实证分析:以宁夏固原市为例[J].西北人口,27(2):19-20,25.

马伟,王亚华,刘生龙,2012.交通基础设施与中国人口迁移:基于引力模型分析[J].中国软科学(3):69-78.

马侠,1992.人口迁移的理论和模式[J].人口与经济(3):38-46.

孟向京,姜向群,宋健,等,2004.北京市流动老年人口特征及成因分析[J].人口研究,28(6):53-59.

米红,周伟,史文钊,2009.人口迁移重力模型的修正及其应用[J].人口研究,33(4):99-104.

穆光宗,1994. 改革开放以来中国人口迁移的特点和趋势[J]. 人口学刊,16(3):33-37.

宁越敏,1997. 90年代上海流动人口分析[J]. 人口与经济(2):9-16.

秦小东,李丁,潘燕辉,2007. 沙漠化地区乡村社区生态移民影响因子与预测模型研究:以民勤县湖区为例[J]. 西北人口,28(2):41-44.

任启平,陈才,2004. 东北地区人地关系百年变迁研究:人口、城市与交通发展[J]. 人文地理,19(5):69-73.

盛亦男,2013. 中国流动人口家庭化迁居[J]. 人口研究,37(4):66-79.

孙平军,丁四保,2011. 人口—经济—空间视角的东北城市化空间分异研究[J]. 经济地理,31(7):1094-1100.

孙三百,黄薇,洪俊杰,2012. 劳动力自由迁移为何如此重要?:基于代际收入流动的视角[J]. 经济研究,47(5):147-159.

汤夺先,2007. 试析西北城市少数民族流动人口的结构特征:以对兰州市的调查为例[J]. 南京人口管理干部学院学报,23(4):23-26.

唐家龙,马忠东,2007. 中国人口迁移的选择性:基于五普数据的分析[J]. 人口研究,31(5):42-51.

铁索严,杨红,2015. 新疆省际人口迁移空间特征分析与迁移空间模式[J]. 人口与发展,21(4):43-51.

汪小勤,田振刚,2001. 论我国城乡人口迁移中的不确定性及其影响[J]. 中国农村经济(7):61-65.

王春艳,吴老二,2007. 人口迁移、城市圈与房地产价格:基于空间计量学的研究[J]. 人口与经济(4):63-67,58.

王德,朱玮,叶晖,2003. 1985—2000年我国人口迁移对区域经济差异的均衡作用研究[J]. 人口与经济(6):1-9.

王格玮,2004. 地区间收入差距对农村劳动力迁移的影响:基于第五次全国人口普查数据的研究[J]. 经济学,3(B10):77-98.

王桂新,陈冠春,2010. 中国人口变动与经济增长[J]. 人口学刊,32(3):3-9.

王桂新,董春,2006. 中国长三角地区人口迁移空间模式研究[J]. 人口与经济(3):55-60.

王桂新,黄颖钰,2005a. 中国省际人口迁移与东部地带的经济发展:1995—2000[J]. 人口研究,29(1):19-28.

王桂新,刘建波,2007. 长三角与珠三角地区省际人口迁移比较研究[J]. 中国人口科学(2):87-94.

王桂新,潘泽瀚,陆燕秋,2012. 中国省际人口迁移区域模式变化及其影响因素:基于2000和2010年人口普查资料的分析[J]. 中国人口科学(5):2-13.

王桂新,魏星,沈建法,2005b. 中国省际人口迁移对区域经济发展作用关系之研究[J]. 复旦学报(社会科学版),47(3):148-161.

王桂新,1993. 我国省际人口迁移与距离关系之探讨[J]. 人口与经济(2):3-8.

王桂新,1996. 中国人口迁移与区域经济发展关系之分析[J]. 人口研究,20(6):9-16.

王桂新,1997. 中国区域经济发展水平及差异与人口迁移关系之研究[J]. 人口与经济(1):50-56.

王桂新,2000. 中国经济体制改革以来省际人口迁移区域模式及其变化[J]. 人口与经济(3):8-16.

王国臣,2006. 近代东北人口增长及其对经济发展的影响[J]. 人口学刊,28(2):19-23.

王国霞,鲁奇,2007. 中国近期农村人口迁移态势研究[J]. 地理科学,27(5):630-635.

王胜今,范力达,2007. 20世纪90年代东北地区省际间人口迁移的人力资本考察[J]. 人口学刊,29(3):3-7.

王嗣均,1990. 中国人口地理研究的进展[J]. 人文地理,5(3):9-13.

王晓峰,田步伟,武洋,2014. 边境地区农村人口流出及影响因素分析:以黑龙江省三个边境县的调查为例[J]. 人口学刊,36(3):52-62.

王晓峰,张正云,温馨,2016a. 人口因素对东北地区经济增长的影响[J]. 当代经济研究(5):51-58.

王晓峰,张正云,2016b. 东北地区人力资本问题及其对经济发展的长期影响研究[J]. 经济纵横(1):60-64.

威廉·阿瑟·刘易斯,1989. 二元经济论[M]. 施炜,等译. 北京:北京经济学院出版社.

魏星,王桂新,2004. 中国东、中、西三大地带人口迁移特征分析[J]. 市场与人口分析,10(5):13-22.

乌兰察夫,2004. 东南沿海城市少数民族人口研究[J]. 内蒙古社会科学(汉文版),25(3):6-11.

西奥多·W.舒尔茨,1990. 论人力资本投资[M]. 吴珠华,等译. 北京:北京经济学院出版社.

徐辉,1998. 清代中期的人口迁移[J]. 人口研究,22(6):56-63.

徐江,欧阳自远,程鸿德,等,1996. 论环境移民[J]. 中国人口资源与环境,6(1):8-12.

薛平拴,2001. 明清时期陕西境内的人口迁移[J]. 中国历史地理论丛,16(1):99-119,128.

闫庆武,卞正富,2015a. 基于GIS的中国省际人口迁移流的空间特征分析[J]. 人文地理,30(3):125-129.

闫庆武,黄园园,蒋龙,2015b. 1985—2010年中国人口迁移的时空动态分析[J]. 西北人口,36(5):7-12.

杨传开,宁越敏,2015. 中国省际人口迁移格局演变及其对城镇化发展的影响[J]. 地理研究,34(8):1492-1506.

杨靳,2006. 人口迁移如何影响农村贫困[J]. 中国人口科学(4):64-69.

杨菊华,2009. 从隔离、选择融入到融合:流动人口社会融入问题的理论思考[J]. 人口研究,33(1):17-29.

杨倩,2015. 人口迁移与区域创新的互动关系研究:基于联立方程模型[J]. 西北人口,36(5):20-25.

杨青山,杜雪,张鹏,等,2011. 东北地区市域城市人口空间结构与劳动生产率关系研究[J]. 地理科学,31(11):1301-1306.

杨云彦,陈金永,刘塔,1999. 中国人口迁移:多区域模型及实证分析[J]. 中国人口科学(4):20-26.

杨云彦,1992. 八十年代中国人口迁移的转变[J]. 人口与经济(5):12-16.
杨云彦,2003. 中国人口迁移的规模测算与强度分析[J]. 中国社会科学(6):97-107.
殷晓清,2001. 农民工就业模式对就业迁移的影响[J]. 人口研究,25(3):20-25.
于蜀,张茂林,1998. 九十年代以来我国人口迁移新特点探讨[J]. 人口研究,22(3):54-60.
于蜀,张善余,1999. 80年代以来美国国内区际人口迁移态势和特点[J]. 人口与经济(2):18-23.
于潇,李袁园,雷峻一,2013. 我国省际人口迁移及其对区域经济发展的影响分析:"五普"和"六普"的比较[J]. 人口学刊,35(3):5-14.
于潇,2006. 建国以来东北地区人口迁移与区域经济发展分析[J]. 人口学刊,28(3):29-34.
袁晓玲,黄新梅,胡得佳,2008. 基于因子分析的陕西省人口迁移影响因素研究[J]. 经济师(8):150-152.
臧磊,2014. 1990—2010年江苏省人口迁移特征及机制研究[D]. 南京:南京师范大学.
曾智超,林逢春,2005. 城市轨道交通对城市人口迁移的作用[J]. 城市轨道交通研究,8(2):19-22.
查瑞传,曾毅,郭志刚,1995. 中国第四次全国人口普查资料分析(下)[M]. 北京:高等教育出版社.
张车伟,1994. 关于人口迁移理论的一种生态学观点[J]. 中国人口科学(1):43-47.
张继焦,2004. 城市民族的多样化:以少数民族人口迁移对城市的影响为例[J]. 思想战线,30(3):73-78.
张继焦,2005. 城市中的人口迁移与跨民族交往[J]. 云南社会科学(1):69-74.
张启春,汤学兵,2008. 人口迁移、就业机会与基本公共服务的实证研究:以湖北迁出人口为例[J]. 统计与决策(16):89-91.
张善余,曾明星,2005a. 少数民族人口分布变动与人口迁移形势:2000年第五次人口普查数据分析[J]. 民族研究(1):17-25.
张善余,俞路,彭际作,2005b. 当代中国女性人口迁移的发展及其结构特征[J]. 市场与人口分析,11(2):13-19.
张善余,1990. 我国省际人口迁移模式的重大变化[J]. 人口研究,14(1):2-8.
张苏北,朱宇,晋秀龙,等,2013. 安徽省内人口迁移的空间特征及其影响因素[J]. 经济地理,33(5):24-30,23.
张文新,朱良,2004. 近十年来中国人口迁移研究及其评价[J]. 人文地理,19(2):88-92.
张毅,何秉宇,1999. 新疆兵团人口迁移与新疆社会发展[J]. 新疆大学学报(哲学社会科学版),27(4):30-34.
张志良,张涛,张潜,1997. 移民推拉力机制理论及其应用[J]. 中国人口科学(2):36-42.
赵耀辉,刘启明,1997. 中国城乡迁移的历史研究:1949—1985[J]. 中国人口科学(2):26-35.
郑连斌,石晶瑜,刘兴东,1995. 关于内蒙古自治区人口重心的研究[J]. 内蒙古师范大学学报(哲学社会科学版),24(2):94-100.

郑信哲,2001.略论我国少数民族人口流动及其影响[J].满族研究(1):3-12.

周皓,2001.从迁出地、家庭户的角度看迁出人口:对1992年38万人调查数据的深入分析[J].中国人口科学(3):17-23.

周皓,2002a.省际人口迁移中的老年人口[J].中国人口科学(2):35-41.

周皓,2002b.我国人口迁移研究的回顾、总结与讨论[J].人口与经济(1):56-59.

周皓,2004.中国人口迁移的家庭化趋势及影响因素分析[J].人口研究,28(6):60-69.

周一星,张莉,2003.改革开放条件下的中国城市经济区[J].地理学报,58(2):271-284.

朱传耿,顾朝林,张伟,2001.中国城市流动人口的特征分析[J].人口学刊,23(2):3-7.

朱德威,汪一鸣,任重,2014.模拟区域城乡间、城镇间人口迁移的空间动力学模型[J].宁夏大学学报(自然科学版),35(4):373-379.

朱杰,2009.长江三角洲人口迁移空间格局、模式及启示[J].地理科学进展,28(3):353-361.

朱农,2001.中国四元经济下的人口迁移:理论、现状和实证分析[J].人口与经济(1):44-52.

BARBIERI A F, DOMINGUES E, QUEIROZ B L, et al, 2010. Climate change and population migration in Brazil's Northeast: scenarios for 2025—2050 [J]. Population and Environment, 31(5):344-370.

BIJAK J, KUPISZEWSKA D, KUPISZEWSKI M, et al, 2007. Population and labour force projections for 27 European countries, 2002-052: impact of international migration on population ageing[J]. European Journal of Population, 23(1):1-31.

BOGUE D J, 1959. Internal migration[M]//HAUSER P, DUNCAN O D. The study of population. Chicago: University of Chicago Press.

BROWN D L, 2011. Migration and rural population change: comparative views in more developed nations[M]//KULCSAR L J, CURTIS K J. International Handbook of Rural Demography. Dordrecht: Springer Netherlands: 35-48.

COURGEAU D, 1992. Migration nette et densite: La France de 1954a 1990 [J]. Population(French Edition), 47(2):462-467.

DAVANZO J, 1976. Differences between return and nonreturn migration: an econometric analysis[J]. International Migration Review, 10(1):13.

FEI J C H, RANIS G, 1964. Development of the labor surplus economy: theory and policy[J]. The Economic Journal, 77(306):408-482.

FINDLEY S E, 1987. An interactive contextual model of migration in Ilocos Norte, the Philippines[J]. Demography, 24(2):163-190.

GEYER JR H S, GEYER SR H S 2015, Disaggregated population migration trends in south Africa between 1996 and 2011: a differential urbanisation approach[J]. Urban Forum, 26(1):1-13.

HERBERLE R, 1938. The causes of rural-urban migration a survey of German theories

[J]. American Journal of Sociology,43(6):932-950.

KOJIMA R,1996. Introduction: population migration and urbanization in developing countries[J]. The Developing Economies,34(4):349-369.

KUMO K,2007. Inter-regional population migration in Russia: using an origin-to-destination matrix[J]. Post-communist Economies,19(2):131-152.

LEE E S,1966. A theory of migration[J]. Demography,3(1):47.

LEWIS W A,1954. Economic development with unlimited supplies of labour[J]. The Manchester School of Economic and Social Studies,22(2):139-191.

LIANG Z,WHITE M J,1997. Market transition, government policies, and interprovincial migration in China: 1983—1988[J]. Economic Development and Cultural Change,45(2):321-339.

MASSEY D S,ARANGO J,HUGO G,et al,1993. Theories of international migration: a review and appraisal[J]. Population and Development Review,19(3):431.

MASSEY D S,ARANGO J,HUGO G,et al,1998. Worlds in motion: understanding international migration at the end of the millennium[M]. Oxford: Clarendon Press.

MILOSLAVA K,JIRI K,2006. Classification and prediction models for internal population migration in districts[J]. WSEAS Transactions on Systems,5(7):1540-1547.

NEFEDOVA T G,2015. Migration mobility of population and otkhodnichestvo in modern Russia[J]. Regional Research of Russia,5(3):243-256.

PIORE M J,1979. Birds of passage: migrant labor and industrial societies[M]. Now York: Cambridge University Press.

RANIS G,FEI J C H,1961. A theory of economic development[J]. The American Economic Review,51(4):533-565.

RAVENSTEIN E G,1889. The laws of migration[J]. Journal of the Royal Statistical Society,52(2):241.

REES P,BELL M,KUPISZEWSKI M,et al,2017. The impact of internal migration on population redistribution: an international comparison[J]. Population, Space and Place,23(6):2036.

REES P,STILLWELL J,CONVEY A,et al,1996. Population migration in the European Union [J]. Chichester England John Wiley and Sons,1217(46):7215-7221.

SATPATHY I,PATNAIK B C M,PRADHAN P K,2012. An encounter with migrants on the line of push-pull theory[J]. Zenith International Journal of Business Economics and Management Research,2:1-12.

SHITOVA Y Y,SHITOV Y A,2008. Analyzing push-pull migration in the Moscow region[J]. Region: Economics and Sociology(4):12.

STARK O,BLOOM D E,1985. The new economics of labor migration[J]. The American Economic Review,75(2):173-178.

STARK O,TAYLOR J E,1989. Relative deprivation and international migration[J]. Demography,26(1):1.

THOMAS M,STILLWELL J,GOULD M,2014. Exploring and validating a commercial lifestyle survey for its use in the analysis of population migration[J].

Applied Spatial Analysis and Policy,7(1):71-95.

TODARO M P,1969. A model for labor migration and urban unemployment in less developed countries[J]. The American Economic Review,59(1):138-148.

ULLAH A K M A,2010. Population migration and Asia: theories and practice[M]. New York: Nova Science Publishers.

UNRUH J D,KROL M S,KLIOT N,2004. Environmental change and its implications for population migration[M]. Dordrecht: Springer Netherlands.

第2章图片来源

图2-1源自:笔者根据中国知网数据绘制。

3 概念界定、方法和数据

3.1 "人口流动"与"人口迁移"

3.1.1 对"人口流动"概念的辨析

"人口流动"是人口地理学中出现的高频率词汇之一。张耀军等(2014)认为,"流动人口"即居住地与户口登记地所在的乡镇街道不一致且离开户口登记地半年以上的人口。刘涛等(2015)将"流动人口"定义为居住在本地、户籍地在本县(市、区)以外,并离开居住地半年以上的人口。从历次全国人口普查的统计口径来看,时间口径上有"半年"和"1年"之分,但均以离开户口登记地为前提。以第六次全国人口普查为例,在2011年4月28日中华人民共和国国家统计局官方网站公布的《2010年第六次全国人口普查主要数据公报(第1号)》第九条"人口的流动"中,使用"大陆31个省、自治区、直辖市的人口中,居住地与户口登记地所在的乡镇街道不一致且离开户口登记地半年以上的人口为261 386 075人"的表述方式,可见"离开户口登记地所在地半年以上"属于流动人口的统计范畴。在历次全国人口普查和历次全国1%人口抽样调查数据中,对"人口的流动"的统计口径如表3-1所示。

表3-1 历次全国人口普查和全国1%人口抽样调查对全国流动人口的表述

统计表述出处	统计结束时间	对人口原住地变更的表述
第三次全国人口普查	1982年7月1日0时	离开户口登记地,1年以上
1987年全国1%人口抽样调查	1987年7月1日0时	离开户口登记地,半年以上
第四次全国人口普查	1990年7月1日0时	离开户口登记地,1年以上
1995年全国1%人口抽样调查	1995年10月1日0时	离开户口登记地,半年以上
第五次全国人口普查	2000年11月1日0时	离开户口登记地,半年以上
2005年全国1%人口抽样调查	2005年11月1日0时	离开户口登记地,半年以上

续表 3-1

统计表述出处	统计结束时间	对人口原住地变更的表述
第六次全国人口普查	2010年11月1日0时	离开户口登记地,半年以上
2015年全国1‰人口抽样调查	2015年11月1日0时	离开户口登记地,半年以上

而根据国家统计局官方网站,"流动人口是指人户分离人口中不包括市辖区内人户分离的人口。人户分离人口是指居住地与户口登记地所在的乡镇街道不一致且离开户口登记地半年以上的人口。市辖区内人户分离的人口是指一个直辖市或地级市所辖区内和区与区之间,居住地和户口登记地不在同一乡镇街道的人口"。据此半年以上的时间界限更适合界定流动人口。

由此可见,1995年至今,我国学术界和官方统计数据对此概念的定义较为统一,均认为离开户口登记地半年以上的人口可定义为"流动人口"。

3.1.2　对"人口迁移"概念的辨析

国内外对"人口迁移"的定义不尽相同,由于国外人口迁移概念不牵涉户籍问题,与我国统计口径相差较大,在这里不展开讨论。国内有永久性人口迁移、短暂性人口迁移、户籍人口迁移等不同说法。国家人口和计划生育委员会人口问题专家魏津生(1984)首次探讨了人口迁移概念,认为"凡发生在国内不同省区或县(市、市辖区)之间的各类改变户口登记常住地的人口移动以及发生在各经济类型地区之间的和各自然类型地区之间的具有人口学意义的改变户口登记常住地的人口移动,都属于人口学所需研究的我国国内人口迁移"。魏津生将人口迁移定义为改变户口登记地的行为,即户口登记地异于原登记地的人口行为。2000年以后学者们对人口迁移的概念定义发生变化,如张善余(2004)认为"人口迁移是人的居住位置发生了跨越某一地区界限的空间移动";蔡阳等(2014)认为"省际人口迁移是以居住目的离开原住地半年以上,而相对于原住地,其常住地又是跨越省际边界的一种人口流动行为"。由此可见,随着我国户籍改革的逐步深入,学者们认为"户口登记地改变"不再属于人口迁移的"必要条件",甚至有学者认为,迁移人口没有必要对户籍登记进行变更,因为"农户无须在城市永久定居,临时迁移可让他们在城乡两地获得最大收益"(范芝芬,2013)。即便如此,究竟迁出"多久"属于人口迁移范畴尚无定论。

历次全国人口普查的长表数据、全国1‰人口抽样调查则对迁移人口有另外一系列的定义方式,之所以称之为"一系列",是因为定义方式也在发生改变(表3-2)。

表 3-2 历次全国人口普查和全国 1‰ 人口抽样调查对全国迁移人口的表述

统计公报名称	对人口原住地变更的统计	流动或迁移的范畴
第三次全国人口普查长表数据	无	无
1987 年全国 1‰ 人口抽样调查	五年内离开户口地的人口	省际
第四次全国人口普查长表数据	五年内更换常住地的人口	省内、省际
1995 年全国 1‰ 人口抽样调查	五年内更换常住地的人口	县市区际,未区分省际
第五次全国人口普查长表数据	五年内从常住地迁至现住地的人口	省际
2005 年全国 1‰ 人口抽样调查	五年内从常住地迁至现住地的人口(另统计一年内)	省际
第六次全国人口普查长表数据	五年内从常住地迁至现住地的人口	省际
2015 年全国 1‰ 人口抽样调查	五年内从常住地迁至现住地的人口(另统计一年内)	省际

《中国 1987 年 1‰ 人口抽样调查资料》对"迁移人口"的概念进行了解释——"迁移人口,指从 1982 年 7 月 1 日至 1987 年 6 月 30 日由外市、镇、县迁入本市、镇、县,并一直居住到 1987 年 7 月 1 日 0 时的人。这里既包括有户口迁入的人,也包括虽无户口迁入,但已经离开户口登记地半年以上、在本地居住不满五年的人",可见 1987 年"离开户口登记地"被认为是识别"迁移人口"的前提,但对离开多久没有定义。

1990 年的第四次全国人口普查资料则对"迁移人口"进行了另外的定义:"迁移人口是指 1985 年 7 月 1 日的常住地与 1990 年 7 月 1 日的常住地比较,发生了跨县、市变动的人口。"

《最高人民法院关于贯彻执行〈中华人民共和国民法通则〉若干问题的意见(试行)》的第 9 条规定为:"公民离开住所地最后连续居住一年以上的地方,为经常居住地。但住医院治病的除外。公民由其户籍所在地迁出后至迁入另一地之前,无经常居住地的,仍以其原户籍所在地为住所。"由此可见,居住在某地一年以上才可称某地为常住地。于是推测,在 1990 年的第四次全国人口普查资料中"……1990 年 7 月 1 日的常住地……"对"常住地"的判断,指的是填表人对常住于某地的期望,而不是真正住在某住地一年以上,否则统计"迁移人口"的定义应表述为"迁移人口是指 1985 年 7 月 1 日的常住地与 1989 年 7 月 1 日的住地比较,发生了跨县、市变动的人口"。

为改善 1990 年的第四次全国人口普查资料对"现常住地"的模糊定义,1995 年该项条目口径变为"全国按现住地分 1990 年 10 月 1 日在外县市区的人口",没有强调五年前的住地是否是常住地,仅要求是住地。

2000年的第五次全国人口普查资料对"现常住地"的定义再次发生变化。该项条目的统计口径变为"全国按现住地和五年前常住地分的人口",意在强调五年前的迁出地为人口的常住地,统计时刻的住地为现住地,但不再体现"人口迁移"的定义。

"五年内、离开常住地"的统计口径沿用至今。唯一不同的是,《2005年全国1‰人口抽样调查数据》和《2015全国1‰人口抽样调查数据》增加了"全国按现住地和一年前常住地分的人口"的统计指标。由此可见,我国官方正在使用的"人口迁移"的统计口径是对1990年统计口径的修正,统计"现住地"而非"现常住地"只是为了统计上的方便,而事实上统计"五年前常住地变更为现常住地"更符合"人口迁移"的定义内涵;而对"现常住地"的判断,理论上是指迁移流动者是否主观上期待将现住地作为未来的常住地。

关于人口迁移和人口流动的概念区别,蔡昉(1995)认为,人口迁移和人口流动是中国特有体制下的产物。通过行政和计划部门的批准而实现居住地合法转移的人口,在传统的统计口径上被定义为迁移人口。在这种严格控制的迁移之外的人口移动被称为"流动人口"。按照这种说法,在当今我国户籍政策逐渐放开的背景下,人口迁移和人口流动的概念正在逐渐模糊。在近期的一些研究中,有的学者未对人口的迁移流动进行区分(杜小敏等,2010)。事实上,刘涛等(2015)对流动人口的定义和蔡阳等(2014)对迁移人口的定义是相同的。

3.1.3 概念对比与结论

综上所述,伴随着我国户籍改革,学术界和官方对"人口迁移"和"人口流动"两个概念的定义均在发生变化,这种变化始终围绕"人口迁移"和"人口流动"的两个基本内涵("空间属性"和"时间属性")展开。具体来说,在我国:

① 1990年以前,不论是学术界还是官方统计口径,普遍认为"人口迁移""人口流动"需要以离开"户口登记地"为前提。

② 1990年以后,不论是学术界还是官方统计口径,普遍认为"人口流动"以"离开户口登记地"为前提,并以至少离开半年为最短期限。

③ 1990年以后,多数学者认为"人口迁移"以"离开常住地"而非"离开户口登记地"为前提更为贴切,但对时间长短尚未达成共识;1990年以后,官方统计口径一致倾向于将五年内更换常住地的人口统计为该五年的"迁移人口"。

综合上述对"人口迁移"和"人口流动"的理解,同时为区别两个概念,笔者认为,在我国范畴内,"人口流动"应当定义为:人口离开户口所在地、居住在另处半年以上的行为。不论流动者是否期待常住于该处,均视为流动人口。

"人口迁移"应当定义为:人口离开常住地、居住在另处,且视该住地为未来常住地的行为。这里的视为未来常住地,是指迁移者主观上认为、期待、计划将该地作为常住地,可以分为"户口登记地变更为该住地""户口登记地未变更为该住地但认为该地是常住地"两种情况。从内涵上来看,"迁移"与"流动"的重要区别之一应当是主观上是否"期待"常住于变更后的场所。而所谓常住,是指"居住在某地1年以上"。

尽管如此,为方便统计计算,笔者采用与表3-2中"对人口原住地变更的统计"对应的统计内容对迁移人口进行计算和分析。将该数据作为迁移人口统计口径的缺点是不能体现反复回迁、多次迁移和不足5岁的迁移人口数,因此该数据比真实的人口迁移数据略小,但误差在可接受的范围内。

在对"人口迁移"和"人口流动"进行定义的基础上,延伸其他相关概念定义,具体如下:

省际人口迁移是指人口跨越省级行政单元变更常住地的人口迁移行为。

人口迁移格局是指一定空间范畴内,在某一时刻从某地迁入、迁出的人口所形成的空间分布状态。

人口迁移机理是指区域人口迁移现象的形成要素及各个形成要素之间的相互关系。

3.2 研究方法

3.2.1 文献整理与归纳法

文献的收集、分析、整理、归纳是人文社会学科的基本研究方法之一。笔者查阅和整理了国外经典论著,国内权威学术刊物、报纸杂志、网站报道、硕博论文,并对人口地理学较有威望的学者前辈的学术论断进行重点整理,梳理人口迁移研究的思想史和近期研究进展,结合相关学科理论研究与实践讨论适合本书研究目标的模型和数据分析方法。同时,对以历次全国人口普查资料、全国1%人口抽样调查数据资料为主的年鉴数据进行逐一查阅,整理形成逾万组基础数据,成为支撑论点的主要依据。

3.2.2 质性研究法

质性研究是与定量研究相对的一种方法,有学者将其概括为:质性研究是以研究者本人为研究工具,在自然情境下采用多种资料收集方法对社会现象进行整体性探究,使用归纳法分析资料和形成理论,通过与研究对象互动对其行为和意义建构获得解释性理解的一种活动。与定量研究不同,质性研究的数据收集、分析与写作过程不是截然分开的,是一个不断演化的过程。研究通常不预先设定一个明确的研究假设,最多是基于某个大的理论框架或问题意识进入"实地"中,在"浸入"和资料的收集过程中,不断进行初步分析和反思,让理论观点逐步"浮现",并修正原有理论框架。在本书中,利用质性研究法探讨东北人口迁移发展的整体情况。具体来说,主要依托东北地区人口长期发展的相关总结、报告、调查等质性材料,以人口迁移的相关理论为指引,通过梳理、总结、概括,形成对东北地区人口迁移特征及驱动机制的总体性认知以及支撑对量化计算结果的理解。

3.2.3 地理信息系统空间分析与处理法

地理信息系统(Geographic Information System,GIS)是地理学的主要分析方法之一,主要是指在计算机的辅助下实现空间数据的采集、存储,实现数据的可管理、可运算、可表达。由于研究数据数量庞大,利用普通文档软件无法储存数据和实现空间分析,因此借助 GIS 10.2 软件对数据进行空间可视化、地理分类和分析运算。地理信息技术的应用不仅能借助可视化的地图来表达空间、位置、方位、区位等客观特征,而且可以在定位分析的基础上进行空间分析和空间计量计算,在实验数据的基础上进行定量数据的挖掘和分析。该方法主要用于第 5 章、第 6 章。

3.2.4 灰色关联分析法

灰色系统理论(Grey System Theory)是基于数学理论的系统工程学科的模糊分析方法,主要包括灰色关联分析、灰建模和灰预测等应用,其优势在于对信息的完善程度没有苛求,在地理学、经济学、医学等学科领域有广泛应用。灰色关联分析(Grey Relational Analysis)为一个系统的发展变化态势提供了量化的度量方案,适合对动态历程进行演变分析。本书借助面板数据,利用灰色关联分析对影响人口迁入、迁出的诸多因子的关联系数进行分析和排序,揭示其内在的演进机理和规律。

3.2.5 比较分析法

以人口地理学的理论和方法为基础,综合应用经济学、社会学、历史学等相关理论,通过数理分析和逻辑推理,对与人口迁移相关的人地关系问题展开研究。人地关系包含人—人、地—地、人—地三者关系,本书侧重的是人与区域自然—经济社会系统之间的影响和关联。在此过程中,运用空间比较法、时间序列数据比较法,比较同一时期不同地区或同一地区不同时期人口迁移的相同点与不同点,总结演绎人口迁移变化的差异化特征,发现人地关系的时空演化特征与趋势,并提出针对性的对策。

3.3 数据来源

3.3.1 研究区范围界定

本书针对东北三省范畴内的人口迁移行为展开研究。东北三省包含辽宁省、吉林省与黑龙江省,总面积约为 80.8 万 km²,约占我国国土面积的 8.4%;2015 年末东北三省的总人口约为 1.07 亿人,约占我国总人口的 7.8%。其中,辽宁省下辖 14 个地级行政单位,分别是沈阳(副省级)、大连(副省级)、鞍山、抚顺、本溪、丹东、锦州、营口、阜新、辽阳、盘锦、铁岭、朝阳、葫芦岛,总面积约为 14.8 万 km²;吉林省下辖 9 个地级行政单位,分别是长春(副省级)、吉林、四平、松原、白城、辽源、通化、白山和延边朝鲜族自治州,总面积约为 18.7 万 km²;黑龙江省下辖 13 个地级行政单位,分别是哈尔滨(副省级)、齐齐哈尔、牡丹江、佳木斯、大庆、大兴安岭、黑河、绥化、伊春、鹤岗、双鸭山、七台河、鸡西,总面积约为 47.3 万 km²。

3.3.2 研究区数据来源与处理

本书所用人口、经济、社会各项数据,除非特殊说明,均来源于以下资料:

(1) 历次全国人口普查资料

该资料主要包括 1982 年第三次全国人口普查资料、1990 年第四次全国人口普查资料、2000 年第五次全国人口普查资料、2010 年第六次全国人口普查资料,用于人口数据分析。

(2) 历次全国 1% 人口抽样调查资料

该资料主要包括《中国 1987 年 1% 人口抽样调查资料》《1995 年全国 1% 人口抽样调查资料》《2005 年全国 1% 人口抽样调查资料》《2015 年全国 1% 人口抽样调查资料》,用于人口数据分析。

由于全国人口普查的长表数据、全国 1% 人口抽样调查数据均采用抽样方式来统计人口情况,全国 1% 人口抽样调查数据经复核有遗漏数据,故均将上述统计数据依据抽样比进行还原,具体数据还原比如表 3-3 所示。

表 3-3　历次全国人口普查和全国 1% 人口抽样调查的抽样比

数据来源	抽样比	备注
1987 年全国 1% 人口抽样调查资料	0.999 00%	数据缺失海南省数据,不包括重庆市单独核算数据
1990 年第四次全国人口普查资料之长表资料(第二批)	10.000 00%	数据不包括重庆市单独核算数据
1995 年全国 1% 人口抽样调查资料	1.026 66%	数据不包括重庆市单独核算数据
2000 年第五次全国人口普查资料之长表资料	9.500 00%	—
2005 年全国 1% 人口抽样调查资料	1.325 50%	—
2010 年第六次全国人口普查资料之长表资料	10.000 00%	—
2015 年全国 1% 人口抽样调查资料	1.550 00%	—

(3) 其他人口统计资料

该资料主要包括 1986—2012 年《中华人民共和国全国分县市人口统计资料》,用于对历次全国人口普查数据、历次全国 1% 人口抽样调查数据缺失数据的补充。

(4) 社会经济综合发展资料

该资料主要包括 1985—2016 年《中国城市统计年鉴》、1981—2016 年《中国统计年鉴》,用于对影响东北三省人口迁移的因素进行分析。

(5) 分省统计资料

该资料主要包括 1985—2016 年的《辽宁统计年鉴》《吉林统计年鉴》《黑龙江统计年鉴》,用于对研究区发展概况的整理和分省人口数据的对比核实。

第 3 章参考文献

蔡昉,1995. 人口迁移和流动的成因、趋势与政策[J]. 中国人口科学(6):8-16.

蔡阳,左文鼎,2014. 我国区域人口迁移的时代表征及其政策启示[J]. 理论探讨(6):97-100.

杜小敏,陈建宝,2010. 人口迁移与流动对我国各地区经济影响的实证分析[J]. 人口研究,34(3):77-88.

范芝芬,2013. 流动中国:迁移、国家和家庭[M]. 邱幼云,黄河,译. 北京:社会科学文献出版社:13-15.

刘涛,齐元静,曹广忠,2015. 中国流动人口空间格局演变机制及城镇化效应:基于2000 和 2010 年人口普查分县数据的分析[J]. 地理学报,70(4):567-581.

魏津生,1984. 国内人口迁移和流动研究的几个基本问题[J]. 人口与经济(4):32-37.
张善余,2004. 人口地理学概论[M]. 2版. 上海:华东师范大学出版社.
张耀军,岑俏,2014. 中国人口空间流动格局与省际流动影响因素研究[J]. 人口研究,38(5):54-71.

第3章表格来源

表3-1源自:笔者根据历次全国人口普查、全国1‰人口抽样调查资料和统计公报整理绘制。

表3-2、表3-3源自:笔者根据历次全国人口普查和全国1‰人口抽样调查资料整理绘制。

4 东北三省人口迁移的总体特征

4.1 东北三省人口总量变化特征与发展趋势

4.1.1 人口数量变化特征与发展趋势[①]

自中华人民共和国成立以来,东北三省人口数量从 1949 年的 3 853.0 万人增长到 2015 年的 10 703.8 万人[②],66 年内人口净增长 6 850.8 万人,增幅约为 177.8%;1949 年到 2015 年,全国总人口从 54 167 万人增长到 137 462 万人,净增长 83 295 万人,增幅约为 153.8%。半个多世纪以来,东北三省的人口增长总体上领先于全国,总体上来看,呈现如下特征:

(1) 人口数量先增后减,人口增长率不断降低,近年来出现负增长(图 4-1、图 4-2)。

1949—2011 年,东北三省的人口数量呈上升趋势,并于 2011 年达到 10 815.5 万人的峰值;2012 年人口增长率首次由正变负,并于 2012 年、2013 年、2014 年、2015 年连续四年持续人口负增长。

分省来说,1949—2011 年,辽宁省的人口由 1 830.5 万人增长到 4 229.7 万人,增幅约为 131.1%,整体增幅在东北三省中最小。但由于人口基数最大,2015 年辽宁省仍为东北三省总人口最多的省份。2010 年辽宁省人口首次出现负增长(图 4-2),2011—2015 年人口总量呈波动状态,2015 年人口多于 2006 年但少于 2007 年。

1949—2011 年,吉林省人口由 1 008.5 万人增长至 2 662.1 万人,增幅约为 164.0%,但从 2012 年起增长率持续为负值,对东北三省人口数量减少的贡献最大。2015 年吉林省人口比 2011 年减少 64.4 万人,是东北三省人口减少最多的省份。

1949—2013 年,黑龙江省人口由 1 014.1 万人增长至 3 833.0 万人,增幅约为 278.0%,是东北三省人口累计增幅最大的省份,但其较高的人口增长率基本在改革开放以前(大于 2%),1990 年开始人口增长率低于 1%。2014 年、2015 年黑龙江省人口呈现负增长,2015 年人口比 2013 年减少 23 万人。

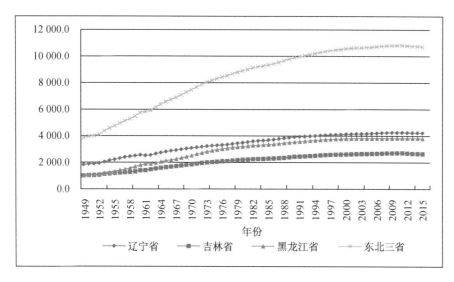

图 4-1　1949—2015 年东北三省人口数量变化情况（单位：万人）

图 4-2　1950—2015 年东北三省人口增长率变化情况

（2）人口数量占全国人口的比重先升后降，趋势线呈梯台形状（图 4-3）。

在中华人民共和国成立之初，东北三省人口仅占全国人口的 7.11%。1949—1965 年，东北三省人口持续较快增长，且 1965 年东北三省人口占全国人口的 9.07%，达到历史峰值。高速增长状况一直持续到 1981 年，之后则呈持续下跌趋势。2012 年，东北三省人口占全国人口的比重跌破 8%，2015 年仅占 7.79%。

尽管如此，东北三省各省份的占比变化产生了分异。其中，辽宁省人口占全国人口的比重呈缓慢上升、登顶下降趋势。1964 年，辽宁省人口占

4　东北三省人口迁移的总体特征 | 049

全国人口的比重达到峰值3.88%,此时人口为2734.2万人,此后持续下降至2015年的3.08%,该比重甚至低于1949年的3.38%。

吉林省人口占全国人口的比重变化相对平稳。1949年吉林省人口占全国人口的比重为1.86%,1967年达到峰值2.26%,2015年下降至1.94%。

黑龙江省人口占全国人口的比重呈急速上升、缓慢下降趋势。1949年黑龙江省人口仅占全国人口的1.87%,1980年一度达到3.25%。1949—1990年,黑龙江省人口增长对东北三省人口增长的贡献最大。2015年,黑龙江省仍占全国2.77%的人口。

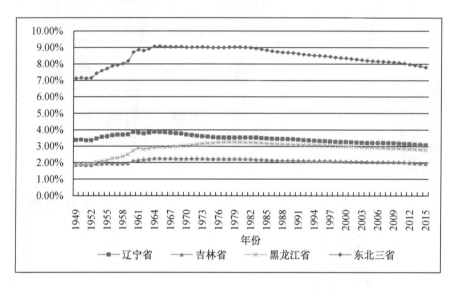

图4-3 1949—2015年东北三省人口占全国人口的比重变化情况

4.1.2 东北三省人口增长阶段及特征

我国人口数量变化受宏观政策、区域政策影响较大,迁移人口对区域人口数量影响深远。因此若以东北三省自身人口数量变化为单独研究对象划分阶段,不利于判断其受人口迁移影响后的人口数量变动特征。本节尝试将东北三省人口增长率与全国人口增长率进行对比(图4-4),并将东北人口数量演变划分为三个阶段,数据证实,东北三省人口增长的演化历程与东北经济社会的兴衰历程息息相关。

第一阶段:人口数量快速增长,增长速度高于全国平均水平阶段(1949—1963年)。在中华人民共和国成立后的14年里,东北三省的人口增长速度远远高于全国平均水平。东北三省利用其自然资源优势、战略区位优势、工业基础设施优势,城镇化和工业化进程明显加快,以外来人口迁移为主导的人口增长速度大幅高于全国平均水平。在1958—1960年"大

图 4-4　1949—2015 年东北三省人口增长率与全国人口增长率变化对比

跃进"期间,全国人口增长受到极大影响,1959 年全国人口自然增长率达到冰点-1.49%,而那时东北三省在粮食相对充裕的条件下,由于迁入人口的作用增长率仍保持在 1% 以上。

第二阶段:人口数量平稳增长,增长速度基本与全国平均水平持平阶段(1964—1978 年)。在这一期间,东北三省与全国保持了相近的人口增长率。在 20 世纪 60 年代的后 5 年,全国自然灾害之后的补偿性生产造就了一波生育高峰。1973 年,国务院计划生育领导小组办公室召开全国计划生育工作汇报会,会上提出的"晚(男 25 周岁、女 23 周岁以后结婚,女 24 周岁以后生育)、稀(生育间隔为 3 年以上)、少(一对夫妇生育不超过两个孩子)"政策要求使全国人口增长率迅速降低。在这一期间,作为全国计划生育落实最好的地区之一,东北三省与全国人口增长率一同降低到 2% 以下;此外,东北三省在经济投入减少,支援三线建设的背景下,人口迁出量加大,人口增长率开始与全国增长率不相上下,但仍高于 1%。

第三阶段:人口数量低速增长,增长速度低于全国平均水平阶段(1979—2015 年)。在这个阶段,东北三省人口增长率呈明显的周期波动式下降趋势,每个周期为 5—7 年。2006 年后,东北三省人口增长率和全国人口增长率相差越来越大。中共十一届三中全会后,在"一对夫妇只生一个孩子"的基本国策引导下,全国人口出生率持续降低,1996 年后人口增长率再未能超过 1%。在这个阶段前期,由于全国城镇化率不高,农民和自由职业者对计划生育执行较低,相反东北三省由于工业化、城镇化高等缘故,计划生育政策落实较好,人口出生率较低,始终低于全国平均水平。改革开放后,产业结构演进缓慢导致的人口迁出(王炜等,2019)与计划生育政策贯彻彻底等因素叠加,东北三省随之呈现出人口增长率低于全国平均人口增长率的特征。此后,自 1990 年起,辽、吉、黑的工业陷入困境,大批国企受长时间计划经济体制下结构性问题和体制性矛盾影响面临停产和亏损,导致东北老工业基地出现经济负增长或者零增长,东北三省正是从 1991 年开始人口增长率进入低于 1% 的时代。2003 年 10 月,中共中央、国务院联合印发《关于实施东北地区等老工业基地振兴战略的若干意见》,2004 年国务院正式成立东北振兴司,一直到 2009 年,东北经历了快速增长时期,人口增长率也随之增长。自 2012 年以来,在经济发展"断崖式"下跌的压力下,东北三省的劳动力进一步输出,人口增长率转为负值。2015 年,东北三省人口增长率为 -0.42%,与全国人口增长率(0.5%)相差 0.92%,这是自中华人民共和国成立以来人口增长率最低的一年,也是自中华人民共和国成立以来与全国人口增长率差距最大的一年。

4.2 东北三省人口迁移总体特征与发展趋势

4.2.1 东北三省人口迁移"量"的变化

1987—2015 年,除 1995 年外,我国每隔 5 年借助全国人口普查或历次全国 1% 人口抽样调查数据,对 5 年内跨省迁移人口数量进行一次统计(详见前表 3-2,图 4-5)。基于此统计数据,对 1982—1987 年、1985—1990 年、1995—2000 年、2000—2005 年、2005—2010 年、2010—2015 年 6 个时间截面的东北三省迁移人口时空特征和格局演变进行分析。

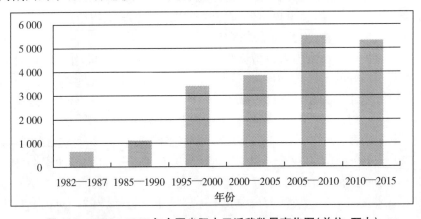

图 4-5　1982—2015 年全国省际人口迁移数量变化图(单位:万人)

注:2010 年国务院颁布的《全国人口普查条例》规定,人口普查每 10 年进行一次,位数逢 0 的年份为普查年度,在两次人口普查之间开展一次较大规模的人口调查,也就是 1% 人口抽样调查,又称为"小普查"。由于历史原因,1987 年全国首次开展 1% 人口抽样调查,此处数据的年份存在交叉。1995 年的全国 1% 人口抽样调查数据未以 5 年内跨省迁移人口数量为口径进行统计,因此 1990—1995 年该数据缺失。缺失数据虽然造成了研究时间段的不连续,但总体变化趋势仍具有研究价值。下同。

在改革开放层层深入、户籍政策变化和区域不均衡发展态势的背景下,我国省际人口迁移逐步扩大规模,原因主要包含城镇化提速和经济发展提速两方面:1982—2015年,我国城镇化率从21.1%飙升到56.1%,年均城镇化率为3%,省际迁移人口总量由632万人增长到5 328万人,年均增长6.7%;同时省际人口迁移数量与全国经济增长速度相关,一个证据是2010—2015年受后金融危机影响,我国经济增速放缓,省际人口迁移数量则略有下降。

与全国人口迁移趋势类似,东北三省的人口净迁移量(正值代表净迁入,负值代表净迁出)也呈现逐步增大趋势(图4-6)。总体来看,东北三省的人口总规模持续净迁出,且净迁出人口总量呈增加趋势,6个时段内净迁出人口分别为24.61万人、11.08万人、56.63万人、89.25万人、115.35万人、135.94万人。分省来看:① 2010年以前,辽宁省人口持续净迁入,且迁入规模呈现逐步扩大趋势;2010—2015年骤降,人口迁移状态转为净迁出,首次净迁出人口为2.65万人,但辽宁省仍是东北三省迁出人口最少的省份。② 吉林省人口持续净迁出。2005—2010年、2010—2015年2个时段净迁出人口均超过50万人。③ 黑龙江省人口持续净迁出,在2005—2010年这个时段迁出最多,净迁出114万人。

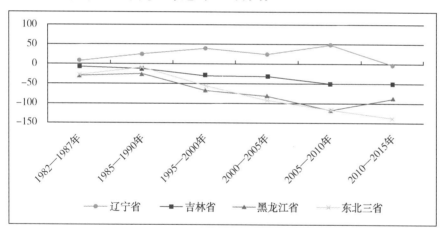

图4-6　1982—2015年东北三省人口净迁移量(单位:万人)

4.2.2 东北三省人口迁移"向"的变化

1) 人口迁移总量的空间分配

人口迁移总量是指两地来往迁移的所有人口之和。引力模型(Ravenstein,1889)认为,人口迁移总量与两地人口规模和距离有关,除此之外,两地交往越密切人口迁移总量越大。1995—2015年,东北三省对外迁移往来人口共计1 095.5万人,主要发生在华北和东部沿海地区,符合距离衰减规律(图 4-7)。

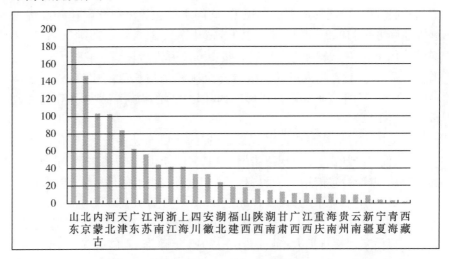

图 4-7　1995—2015 年东北三省与全国各省级行政单元之间人口迁移总量(单位:万人)

分省来看,1982—2015 年,辽宁省人口迁移总量先上升后下降,高峰期出现在 2005—2010 年,迁移总量为 185.73 万人(图 4-8)。辽宁省跨省人口迁移总量最多的地区分别是东北三省内部的黑龙江和吉林,邻近的内蒙古、山东和北京。在全国各地与辽宁省的人口迁移总量的变化过程中,北京、黑龙江、吉林、天津和内蒙古对辽宁省人口迁移总量增长的贡献率[③]最大,1982—2015 年平均增长贡献率分别达到 14.93%、8.81%、8.09%、7.56%、6.04%(图 4-9)。

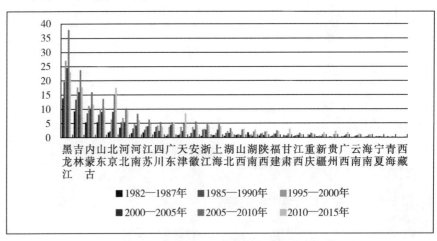

图 4-8　1982—2015 年辽宁省跨省人口迁移总量(单位:万人)

吉林省人口迁移总量先上升后下降,但高峰期出现在 2000—2005 年,比辽宁省提前 5 年,其间峰值达到 119.23 万人,于 2010—2015 年回落到 71.84 万人(图 4-10)。吉林省跨省人口迁移总量最多的地区除东北三省内部的辽宁、黑龙江外,仍为山东、北京和内蒙古。北京、天津、河北、辽宁、广东是对吉林人口迁移总量增长的贡献率最大的地区,贡献率分别达到16.97%、11.35%、8.7%、8.11%、6.25%。山东省与吉林省的人口迁移总量在2010—2015年骤减45%,1982—2015年对吉林省人口迁移总量的增长贡献率为-1.61%,是东北三省最低值。

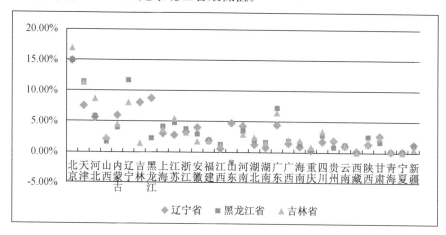

图4-9 1982—2015年全国各省级行政单元对东北三省人口迁移总量的增长贡献率

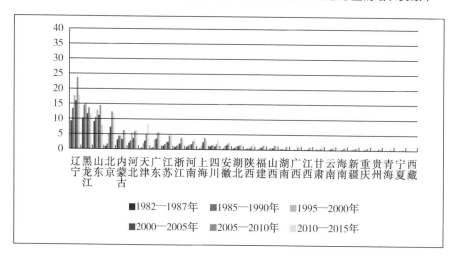

图4-10 1982—2015年吉林省跨省人口迁移总量(单位:万人)

黑龙江省人口迁移总量的变化趋势呈现波动,峰值出现在2000—2005年,达到178.45万人(图4-11)。黑龙江省跨省人口迁移总量最多的地区分别是辽宁、山东、吉林、北京和河北。北京、辽宁、天津、广东、河北对黑龙江省人口迁移总量增长的贡献率最大,1982—2015年平均增长贡献率分别达到15.0%、11.77%、11.53%、7.31%、5.91%。与吉林省类似,1982—2015年山东省对黑龙江省人口迁移总量增长的贡献率为-1.56%,是唯一的贡献率负值。

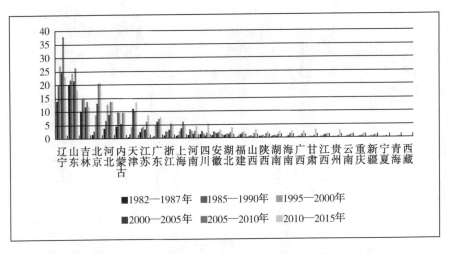

图 4-11 1982—2015 年黑龙江省跨省人口迁移总量（单位：万人）

2) 人口迁移的顺差与逆差

在特定时间内，某一国家或地区对另外一个国家或地区的贸易出口总额超过贸易进口总额的现象被称为贸易顺差，反之则被称为贸易逆差（贾明德等，1996）。贸易顺差表示该国家或地区在对外商品贸易方面占据优势地位，便于资本的积累和再生产的组织。

人口的迁入、迁出与贸易出口、进口有相同也有不同。相同之处在于，两者皆是区域之间的要素对流问题，对流越大表示两个区域的关系越为紧密；不同之处在于，人口的迁出造成劳动力资源和消费群体的流失，对区域发展不利。

基于此，在贸易顺差、逆差概念的基础上，提出人口迁移顺差的概念：一段时间内，在 A 地区与 B 地区人口相互迁移的过程中，若 A 地区迁入人口数量超过迁出人口数量，则称 A 地区对 B 地区形成人口迁移顺差（Migration Surplus），或 B 地区对 A 地区形成人口迁移逆差（Migration Deficit）。人口顺差和人口逆差可直观表达某时段某地区的人口迁移向量。

在 1995—2015 年的 20 年中，东北三省的人口迁移顺差区主要位于中部的河南、安徽、华北地区和西南地区，共计 12 个省级行政单元，总顺差约为 64.3 万人，每个省级行政单元的平均顺差为 5.4 万人（图 4-12）。人口迁移逆差区主要位于东部、南部沿海地区，总逆差约为 464.2 万人，逆差区的 16 个省级行政单元的平均逆差为 29 万人，其中逆差最大的为北京，逆差为 129.1 万人，相当于 20 年内所有省级行政单元顺差之和的两倍。对上海的逆差抵消了对河南、安徽的顺差之和。东北三省与山西、江西、重庆、西藏、青海、湖南、宁夏等地的人口迁移几乎不存在顺差或逆差。

辽宁省人口迁移的顺差和逆差演变表现出高度的规律性（图 4-13）。

1982—1987年,人口迁移的持续顺差区主要包括黑龙江、吉林、内蒙古、山东,顺差额基本由距离衰减规律主导;而人口迁移的持续逆差区则主要位于京津冀、珠三角和长三角地区,逆差额基本由经济发展条件主导。1987—2015年,最大的顺差区为黑龙江,总顺差为87.24万人,最大的逆差区为北京,总逆差为41.75万人;对浙江、江苏、江西、广西、四川的顺差逐步转为逆差。

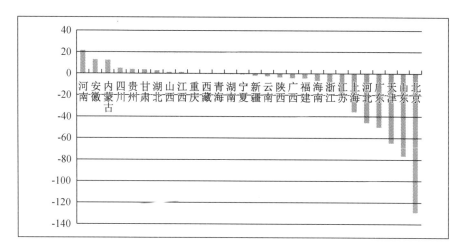

图4-12　1995—2015东北三省与全国各省级行政单元人口迁移总顺差(单位:万人)

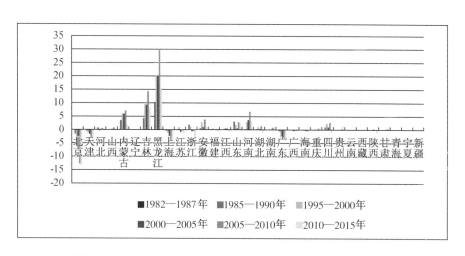

图4-13　1982—2015年辽宁省人口迁移顺差情况(单位:万人)

吉林省人口迁移除对黑龙江、河南、安徽、浙江的个别时段形成顺差外,长期处于对外逆差状态(图4-14)。吉林省没有持续顺差区。2000年后黑龙江逐步成为吉林的顺差区,1987—2015年总顺差为5.11万人;持续逆差区主要位于环渤海、长三角和珠三角区域,包括辽宁、北京、山东、天津、广东、河北、上海、江苏等地,基本由距离衰减和经济递进共同主导,其中最大逆差区为辽宁,1987—2015年总逆差为47.94万人;对浙江、福建、广西等东部、南部省份逐步由顺差变为逆差,并且逆差逐步加大。

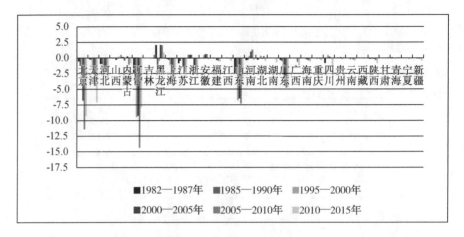

图 4-14　1982—2015 年吉林省人口迁移顺差情况(单位:万人)

黑龙江省几乎对所有省份呈现人口逆差状态,与吉林省的顺逆差趋势十分相近,它只有安徽一个持续顺差区(图 4-15),1987—2015 年总顺差为 3.89 万人。吉林并不是黑龙江最大的迁出省份,这与距离衰减规律不符,其原因是黑、吉两省的经济社会差异不大;持续逆差区主要位于环渤海、长三角和珠三角区域,包括北京、天津、河北、山西、辽宁、上海、江苏、山东、广东、海南、重庆、陕西、甘肃、青海、宁夏、新疆,持续逆差区与吉林省不同的为江西、新疆、甘肃、湖南和青海;最大的逆差区为辽宁(总顺差为 87.24 万人),其次为山东(总顺差为 72.57 万人)。

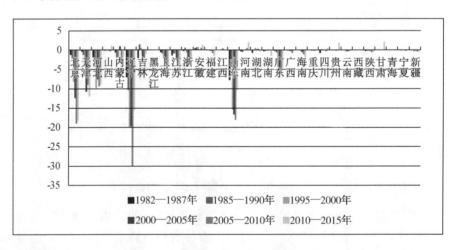

图 4-15　1982—2015 年黑龙江省人口迁移顺差情况(单位:万人)

4.3 本章小结

对东北三省人口自1949年以来的总量变化和自1982年以来的迁移变化进行分析,有以下结论:

(1) 东北三省的人口问题是演化而来,而非骤变而来。虽然东北三省人口出现负增长是从2012年开始的,但东北三省人口数量减少反而经历了约33年时间的酝酿历程。早在20世纪80年代初(恰好是在改革开放时间节点上),东北三省就呈现出人口增长率低于全国平均人口增长率的特征,此后东北三省人口增长率再未"振兴"。人口增长率于20世纪90年代的快速下跌、2003年后的小幅度增长和2012年的再次快速下跌表明,东北三省的人口迁移现象与东北老工业基地的兴衰息息相关。东北三省的人口规模呈现高度的同步化演变特征。从20世纪80年代初(第三次全国人口普查)到2015年(全国1%人口抽样调查)的大约30年时间里,辽宁、吉林、黑龙江三个省份在人口数量演变方面,大多呈现出类似的变化特征,尽管有少数情况存在三省分异。

(2) 东北三省总体人口迁移呈现明显的空间指向特征。从人口迁移的"量"上来看,东北三省与华北地区的人口迁移往来最为密切。京津冀和环渤海区域一直是与东北地区之间人口迁移总量最多的地区。在1982—2015年的6个时段中,东北三省的总人口始终是净迁出状态,1990年后净迁出数量不断扩大,吉林、黑龙江两省相比辽宁省迁出形势更为严峻;从人口迁移的"向"上来看,东北三省对华北和东部沿海地区长期形成人口逆差,对中部、内蒙古和西部地区形成顺差。辽、吉、黑之间人口转移的基本方向是由北至南,辽宁的主要持续顺差区是黑龙江、吉林、内蒙古、山东、山西和重庆,而黑龙江只有安徽一个持续顺差区,吉林则没有持续顺差区。北京是东北三省对外的最大逆差区,而天津是涨幅最快的逆差区(表4-1)。

表4-1 1982—2015年东北三省人口顺差、逆差变化演变对比

分类	持续顺差	顺差到逆差	波动变化	逆差到顺差	持续逆差
辽宁	山西、内蒙古、吉林、黑龙江、山东、重庆	浙江、江西、广西	河北、江苏、福建、贵州、云南、宁夏、新疆	安徽、河南、湖北、湖南、四川、陕西、西藏、青海	北京、天津、上海、广东、海南、甘肃
吉林	—	浙江、福建、广西	内蒙古、黑龙江、安徽、河南、湖北、四川、贵州、云南、西藏、甘肃、青海、新疆	—	北京、天津、河北、山西、辽宁、上海、江苏、江西、山东、湖南、广东、海南、重庆、陕西、宁夏

续表 4-1

分类	持续顺差	顺差到逆差	波动变化	逆差到顺差	持续逆差
黑龙江	安徽	广西、云南	内蒙古、吉林、浙江、福建、河南、湖北、湖南、四川、贵州、西藏	—	北京、天津、河北、山西、辽宁、上海、江苏、山东、广东、江西、海南、重庆、陕西、甘肃、青海、宁夏、新疆

第 4 章注释

① 为观察更长时间跨度的东北三省人口的特征,综合考虑数据的完整性、序列的连续性等因素,本部分选用《中国城市统计年鉴》中该年份的"年末总人口"(该数据均与《辽宁统计年鉴》《吉林统计年鉴》《黑龙江统计年鉴》中的对应数据相同,均与三个省份历年的国民经济统计公报中所公布的"年末总人口"数据不同。在《中国统计年鉴》中的"分地区年末人口"表中,辽宁省、吉林省的数据与该数据不同,黑龙江省的数据与之相同)。根据《中国城市统计年鉴》中对指标的解释,该数据为"该年份 12 月 31 日 24 时的人口总数,为公安部门的户籍人口数"。该部分数据与后文的人口普查和抽样调查数据有一定偏差(如第五次全国人口普查、第六次全国人口普查分别以 2000 年、2010 年 11 月 1 日 0 时为标准时间,对居住半年以上的常住人口进行登记),数据偏差主要为 11 月、12 月两个月的新生人口。

② 为观察更长时间跨度中东北三省人口的特征,综合考虑数据的完整性、序列的连续性等因素,在本部分选用《中国城市统计年鉴》中该年份的"年末总人口"(该数据均与《辽宁统计年鉴》《吉林统计年鉴》《黑龙江统计年鉴》中的对应数据相同,而与三个省份历年的国民经济和社会发展统计公报中所公布的"年末总人口"的数据不同。在《中国统计年鉴》"分地区年末人口"的表中,辽宁、吉林的数据与该数据不同,而黑龙江省尺度数据与之相同)。根据《中国城市统计年鉴》中对指标的解释,该数据为"该年份 12 月 31 日 24 时的人口总数,为公安部门的户籍人口数"。该部分数据与后文的人口普查和抽样调查产生一定偏差(如第五次全国人口普查、第六次全国人口普查分别以 2000 年、2010 年 11 月 1 日 0 时为标准时间,对居住半年以上的常住人口进行登记)。

③ 这里的贡献率=(某地与辽宁省之间的人口迁移增加量/辽宁省对外人口迁移总量的增加量)×100%。后面的以此类推。

第 4 章参考文献

国务院,2016. 国务院关于印发国家人口发展规划(2016—2030 年)的通知(国发〔2016〕87 号)[EB/OL]. (2016-12-30)[2017-01-25]. http://www.gov.cn/zhengce/content/2017-01/25/content_5163309.htm.

贾明德,梁军,1996. 国际贸易理论与政策[M]. 西安:陕西人民出版社.

王炜,郑悦,2019.产业结构演进对东北三省人口流动的影响及对策分析[J].学术交流(6):101-109.

RAVENSTEIN E G,1889. The laws of migration[J]. Journal of the Royal Statistical Society,52(2):241.

第 4 章图表来源

图 4-1 至图 4-15 源自:笔者绘制。

表 4-1 源自:笔者绘制。

5 东北三省人口迁移的空间格局

5.1 东北三省人口迁入格局

5.1.1 辽宁省迁入人口空间格局

1982—1987 年、1985—1990 年、1995—2000 年、2000—2005 年、2005—2010 年、2000—2015 年 6 个时段,跨省迁入辽宁省的人口规模呈波动上升趋势(图 5-1)。其中,人口迁入最少的时段是 1982—1987 年,其间迁入人口约 31.4 万人;迁入最多的时段是 2005—2010 年,其间迁入人口 117.187 万人,迁入量接近 1982—1987 年的 4 倍。1995—2000 年、2000—2005 年、2010—2015 年 3 个时段,辽宁省迁入人口数量相近,在 68 万至 80 万人之间。

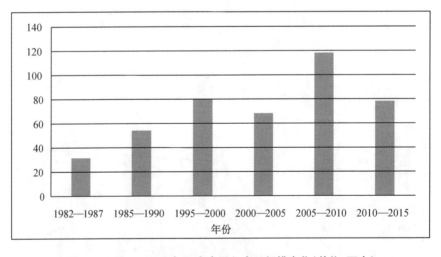

图 5-1 1982—2015 年辽宁省迁入人口规模变化(单位:万人)

由于上述 6 个时段全国跨省迁移人口规模从 1982—1987 年的 631.80 万人增长至 2010—2015 年的 5 327.68 万人,后值为前值的 843.25%,全国人口迁移背景发生了巨变,因此辽宁省人口迁入绝对数量并不能准确表述迁入人口数量的真实特征。

利用辽宁省迁入人口占全国跨省总迁移人口的比重来观察迁入人口的规模比例变化(图5-2)。分析显示,该比例呈波动下行趋势,数值从4.97%下降到1.47%,说明作为人口吸引的目的地,辽宁省在全国的地位呈整体下降趋势。

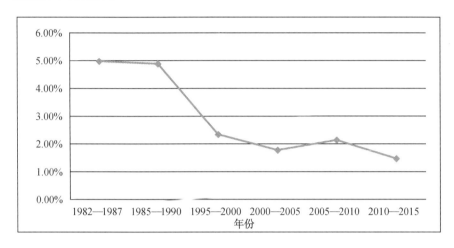

图5-2　1982—2015年辽宁省迁入人口占全国跨省总迁移人口比重的变化趋势

为进一步研究辽宁省迁入人口来源地变化的时空特征,对全国各省级行政单元迁入辽宁省的人口规模进行排序,计算各省级行政单元的比例变化情况。借助地理信息系统软件(ArcGIS 10.2)实现空间数据可视化[①]。对全国各省级行政单元迁入辽宁省的人口规模进行排序,每6个名次分为1组,即排序1—6的省级行政单元为位列"迁入辽宁省人口第一梯度"的省级行政单元,排序7—12的省级行政单元为位列"迁入辽宁省人口第二梯度"的省级行政单元,以此类推。

通过时空对比,获得辽宁省迁入人口来源地的变化特征(图5-3),具体如下所述:

① 整体来看,全国各省级行政单元迁入辽宁省的人口集中于少数省份,但随着时间变化,各省级行政单元迁入辽宁省的人口占比呈平均化趋势。

衡量样本集中程度的方法有标准差系数和变异系数(胡兆量等,1987),衡量地理集中的方法有空间洛伦兹曲线、区域基尼系数等(保罗·克鲁格曼,2000)。这里选用变异系数和空间洛伦兹曲线来观察人口迁移格局。

利用统计产品与服务解决方案软件(SPSS 21.0)计算上述6个时段各地区迁入辽宁省的人口数量的变异系数(表5-1),6组样本数据呈现强变异特征,总体呈下降趋势;但变异系数在 1985—1990 年、1995—2000 年、2000—2005 年 3 个时段呈现逐步上升的态势,导致平均化趋势呈现非线性状态。

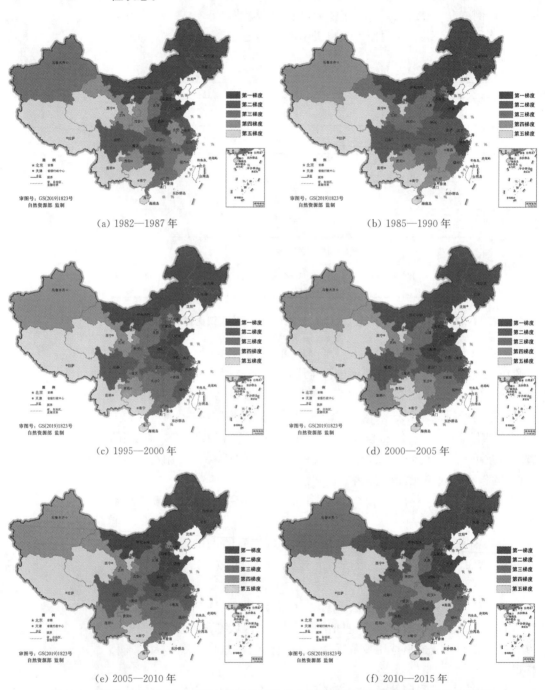

图 5-3 1982—2015 年辽宁省迁入人口来源地的人口规模梯度演变示意图(见书末彩图)

表 5-1　1982—2015 年全国各省级行政单元迁入辽宁省的人口变异系数

时段	变异系数	时段	变异系数
1982—1987 年	1.998 883	2000—2005 年	1.973 134
1985—1990 年	1.717 458	2005—2010 年	1.748 404
1995—2000 年	1.812 774	2010—2015 年	1.561 539

以全国各省级行政单元累计个数为横轴,全国各省级行政单元迁入人口累计百分比为纵轴,按照 6 个时段的时序绘制空间洛伦兹曲线(图 5-4)。空间洛伦兹曲线显示,随着时间的推移,洛伦兹曲线呈接近对角线的趋势,即迁入人口趋于平均分布②。空间洛伦兹曲线同时显示,1985—1990 年、1995—2000 年、2000—2005 年、2005—2010 年这 4 个时段的平均化趋势不显著。

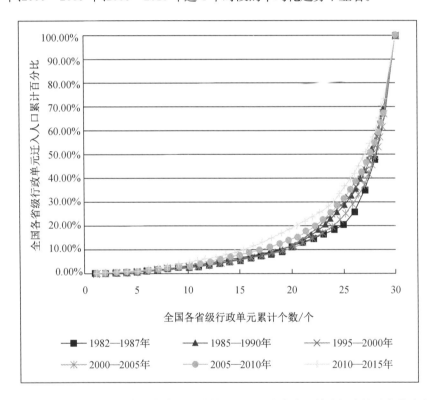

图 5-4　1982—2015 年全国各省级行政单元迁入辽宁省人口的空间洛伦兹曲线演变

② 东北地区、华北地区始终是辽宁省的迁入人口主要来源地。自 1982 年以来,黑龙江省迁入辽宁省的人口虽然呈先升后降趋势,但始终居全国首位,占迁入人口总量的 24.64%—33.38%。而黑龙江、吉林、内蒙古、山东等地迁入辽宁省的人口总和超过全国总数的五成。

③ 在华北、西南地区的省份中,自身人口数量越多的省份在辽宁省迁入人口中所占的比例越大,比如山东和四川;华南、西北、华中地区迁入辽

宁省的人口占其总迁入人口的比例始终较小；相对发达的长三角地区迁入辽宁省的人口呈持续下降趋势，上海是迁入辽宁省的人口占比最小的直辖市，占比未超 0.6%；西藏、云南、广西、宁夏等少数民族地区迁入辽宁省的人口占比持续较小，均未超过 1‰（图 5-5）。

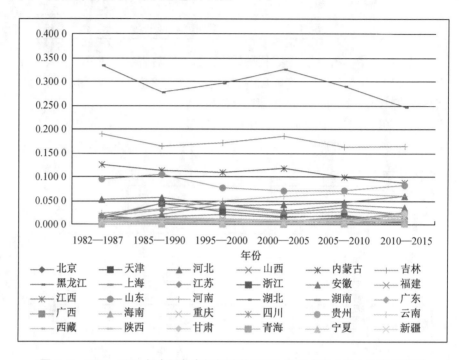

图 5-5　1982—2015 年全国各省级行政单元迁入辽宁省的人口占比变化情况

5.1.2 吉林省迁入人口空间格局

1982—2015 年，跨省迁入吉林省的人口规模呈波动上升趋势（图 5-6）。其中，迁入最少的时段是 1982—1987 年，迁入人口 16.897 万人，迁入最多的时段是 2005—2010 年，迁入人口 33.842 万人，为 1982—1987 年的 200.28%；2010—2015 年迁入人口规模为 31.477 6 万人，比 2005—2010 年略有下降，是 1982—1987 年的 186.29%。

对比而言，吉林省迁入人口规模的增长率远低于全国平均水平。1982—2015 年，吉林省迁入人口占全国跨省总迁移人口的比重下降明显，数值从 2.68% 下降至 0.59%，下降了 77.99%（图 5-7）。换言之，在我国改革开放、经济社会快速发展的大环境下，吉林省的迁入人口规模明升暗降。

对全国各省级行政单元迁入吉林省的人口规模数据按不同时间段进行统计，并按规模降序排列，利用 ArcGIS 10.2 软件实现 30 个省级行政单元的排序和分类可视化（图 5-8）。

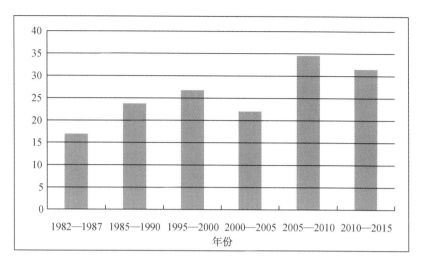

图 5-6　1982—2015 年吉林省迁入人口规模变化（单位：万人）

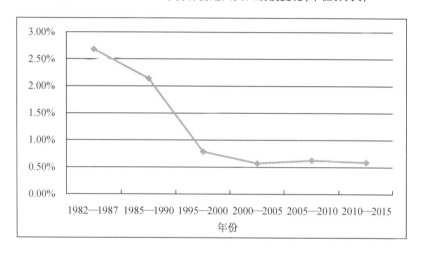

图 5-7　1982—2015 年吉林省迁入人口占全国跨省总迁移人口比重的变化趋势

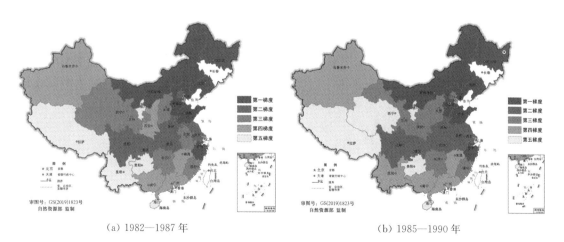

（a）1982—1987 年　　　　　　　　　　（b）1985—1990 年

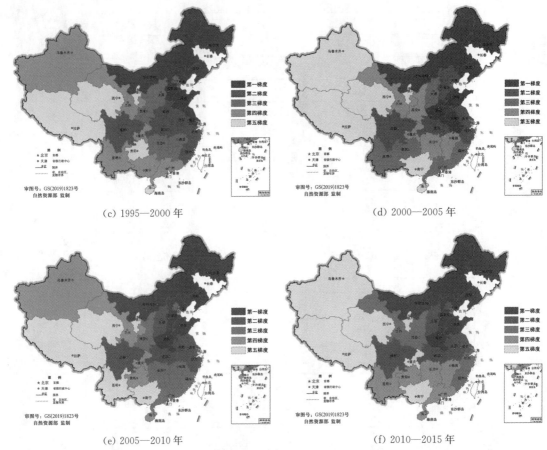

(c) 1995—2000 年　　　　　　　　　(d) 2000—2005 年

(e) 2005—2010 年　　　　　　　　　(f) 2010—2015 年

图 5-8　1982—2015 年吉林省迁入人口来源地的人口规模梯度演变示意图（见书末彩图）

全国各省级行政单元迁入吉林省的人口分析显示以下时空特征：

① 全国各省级行政单元迁入吉林省的人口数量呈一定的平均化趋势。以全国各省级行政单元累计个数为横轴，全国各省级行政单元迁入人口累计百分比为纵轴，按照 6 个时段的时序绘制空间洛伦兹曲线（图 5-9）。空间洛伦兹曲线显示，随着时间的推移，迁入人口趋于平均分布，但也有变动。若把 1995—2000 年和 2000—2005 年的累计百分比曲线对调，则 1982—2015 年的 6 个时段全国各省级行政单元迁入吉林省的占比呈现出完美的逐步扁平化特征。

② 从迁入人口数量分布来看，吉林省迁入人口来源地主要集中于黑龙江、辽宁、山东、内蒙古、河北、河南等省区，2010—2015 年上述 6 个省区迁入吉林省的人口数量占跨省迁入吉林省人口数量的 60.53%，但黑龙江、山东两个省份迁入吉林省的人口数量在逐步下降。全国各省级行政单元时间截面数据的变异系数显示，6 个时段迁入吉林省的人口数量变异系数均大于 5，属于强变异，也证实了人口来源地集中度非常高。6 个时段的

变异系数同时显示,这种差异保持相对稳定状态,随时间变化振幅不大(表5-2)。

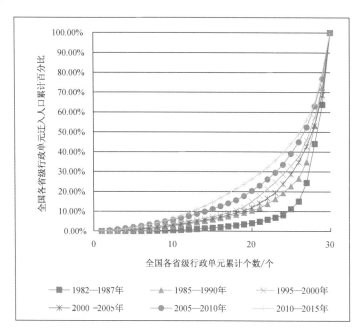

图 5-9　1982—2015 年全国各省级行政单元迁入吉林省人口的空间洛伦兹曲线演变

表 5-2　1982—2015 年全国各省级行政单元迁入吉林省的人口变异系数

时段	变异系数	时段	变异系数
1982—1987 年	5.613 330	2000—2005 年	5.711 388
1985—1990 年	5.453 574	2005—2010 年	5.664 828
1995—2000 年	5.633 463	2010—2015 年	5.555 234

③ 西藏、广西、宁夏、青海、重庆五个省区市迁入吉林省的人口比重在 6 个时段均未超过 1%,是迁入吉林省人口最少的省份,2010—2015 年迁移人口总和仅为 3 613 人;海南、新疆虽然迁入吉林省的人口数量不多,但比例上升趋势明显;四川是西南、西北地区中唯一一直处于第二梯度的省份,未受距离衰减约束(图 5-10)。

5.1.3　黑龙江省迁入人口空间格局

1982—2015 年,跨省迁入黑龙江省的人口规模呈先升后降的波动变化趋势(图 5-11)。人口迁入最少的时段是 1982—1987 年,迁入人口约 19.15 万人;迁入最多的时段是 2010—2015 年,迁入人口约 47.17 万人,为 1982—1987 年的 246.16%。另一个迁入人口规模较小的时段是 2000—

2005年,迁入人口约19.75万人。总体来看,在上述6个时段,辽宁、吉林两省人口迁入规模的波动曲线类似,而黑龙江省人口迁入规模的波动曲线异于辽宁、吉林两省,表现出人口迁入过程中更大的不稳定性。

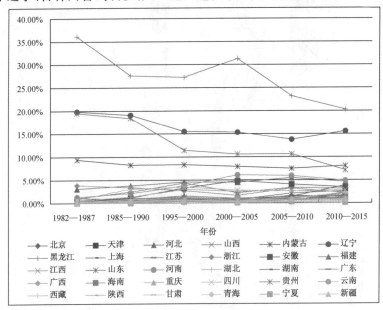

图 5-10　1982—2015 年全国各省级行政单元迁入吉林省的人口占比变化情况

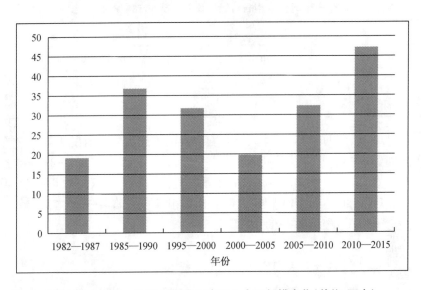

图 5-11　1982—2015 年黑龙江省迁入人口规模变化(单位:万人)

跨省迁入黑龙江省的人口占全国跨省总迁移人口的比重呈上升、骤降又缓慢上升的波动变化趋势(图 5-12),振幅远大于辽宁省和吉林省。1985—1990 年,跨省迁入黑龙江省的人口占全国跨省总迁移人口的比重为 3.32%,该数值高于该时段的吉林省数值,低于辽宁省数值;2000—2005 年该比重为 0.51%,又低于辽宁、吉林两省;2010—2015 年,该数值又再次上升至 0.89%,高于吉林省但低于辽宁省。

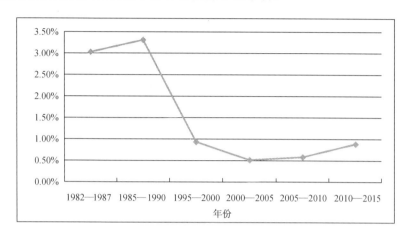

图 5-12　1982—2015 年黑龙江省迁入人口占全国跨省总迁移人口比重的变化趋势

全国各省级行政单元迁入黑龙江省的人口分析显示以下时空特征(图 5-13):

① 整体来看,全国各省级行政单元迁入黑龙江省的人口数量分布趋于平均。空间洛伦兹曲线(图 5-14)随着时间推移逐步接近对角线,即人口的空间分配呈现扁平化特征。其间,1995—2000 年和 2000—2005 年的累计百分比曲线较为相似,但不影响总体趋势。全国各省级行政单元时间截面数据的变异系数显示,6 个时段迁入黑龙江省的人口数量变异系数从 2.168 471 1 降低至 0.890 289 0,由强变异变为普通变异,亦说明数值趋于平均化(表 5-3)。

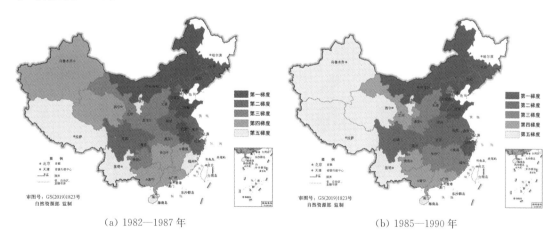

(a) 1982—1987 年　　　　　　　　(b) 1985—1990 年

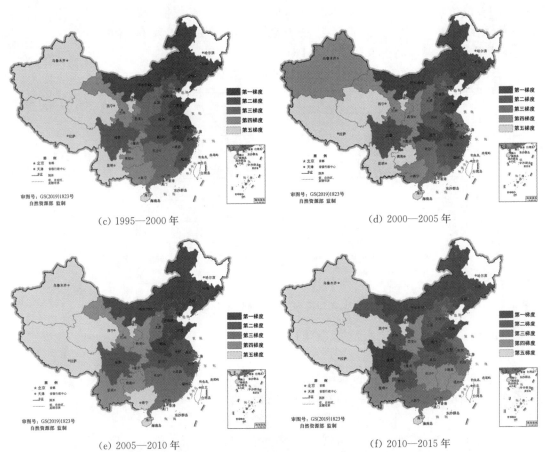

图 5-13 1982—2015 年黑龙江省迁入人口来源地的人口规模梯度演变示意图（见书末彩图）

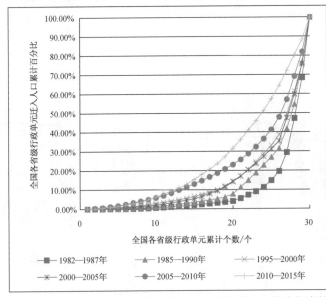

图 5-14 1982—2015 年全国各省级行政单元迁入黑龙江省人口的空间洛伦兹曲线演变

表 5-3　1982—2015 年全国各省级行政单元迁入黑龙江省的人口变异系数

时段	变异系数	时段	变异系数
1982—1987 年	2.168 471 1	2000—2005 年	1.678 951 0
1985—1990 年	1.782 500 4	2005—2010 年	1.287 650 0
1995—2000 年	1.624 475 0	2010—2015 年	0.890 289 0

② 从迁入人口集中分布来看,全国各省级行政单元迁入黑龙江省的人口分布"随距离衰减"的特征在逐步淡化。虽然截至 2015 年,迁入人口仍主要来自山东、吉林、辽宁、内蒙古等邻近省份,但 1982—1987 年上述 4 个省份迁入黑龙江省的人口占跨省迁入黑龙江省人口的 80.4%,此后 4 个省份迁入黑龙江省的人口占跨省迁入黑龙江省人口的比重之和逐步下降,分别占 68.52%、61.52%、64.75%、52.08% 和 35.81%。1982—1987 年,山东省迁入黑龙江省的人口占比高达 31.57%,2010—2015 年该数值骤降至 8.15%(图 5-15)。

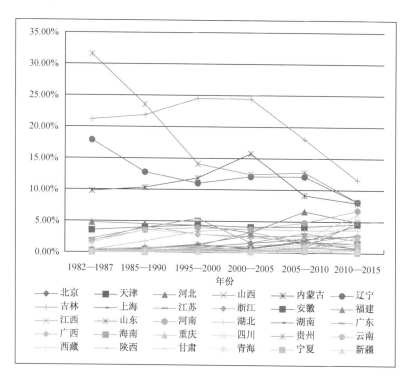

图 5-15　1982—2015 年全国各省级行政单元迁入黑龙江省的人口占比变化情况

③ 从地域分布来看,黑龙江迁入人口来源地分布随着时间推移逐步由我国东部向东北部、中部转移,尤其是来自沿海地区的迁移人口比重逐步降低,来自内陆地区的迁移人口比重逐步升高,而来自西部地区的迁移人口比重则持续较低。随着时间推移,东部地区只有北京、天津、广东、海

南等省级行政单元的迁入人口增幅显著,由 1982—1987 年的 0.68% 增长至 2010—2015 年的 7.58%;长三角地区的上海、江苏、浙江等省级行政单元迁入黑龙江省的人口占总迁移人口的比重则随时间变化先增后减,2015 年上海市成为迁入黑龙江省人口最少的省级行政单元之一;西藏、青海、新疆、海南、宁夏始终是迁入黑龙江省人口最少的省区,迁入黑龙江省的人口占总迁移人口的比重之和在 6 个时段中均未超过 2%;相比较而言,华中地区的河南、湖北等省份迁入黑龙江省的人口占总迁移人口的比重增幅较大。

5.2 东北三省人口迁出格局

5.2.1 辽宁省迁出人口空间格局

1982—2015 年,辽宁省迁出人口规模几乎呈线性递增趋势(图 5-16)。其中,人口迁出最少的时段是 1982—1987 年,其间迁出人口 23.08 万人;迁出最多的时段是 2010—2015 年,其间迁出人口 80.80 万人。

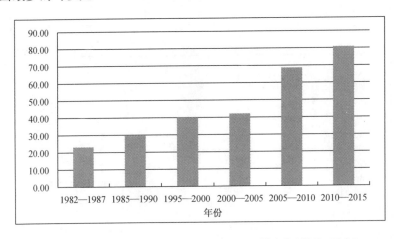

图 5-16　1982—2015 年辽宁省迁出人口规模变化(单位:万人)

辽宁省迁出人口占全国跨省总迁出人口的比重则呈另一种变化——先下降后上升趋势(图 5-17)。其中,1982—2005 年迁出人口所占比重变化与辽宁省迁出人口总量增加截然相反,数值由 3.66% 急速下降到 1.09%,说明该时段辽宁省迁出人口规模相比较全国而言并未扩大。2005 年后,随着辽宁省迁出人口数量的大规模提升,该比重逐步上升至 1.52%。

将 1982—2015 年辽宁省迁出至全国各省级行政单元的人口规模分 6 个时段进行统计分级,分级的方法与上节相似:对辽宁省迁出至全国各省级行政单元的人口规模进行排序,每 6 个名次分为 1 组,即排序 1—6 的省级行政单元为位列"辽宁省迁出人口第一梯度"的省级行政单元,排序 7—

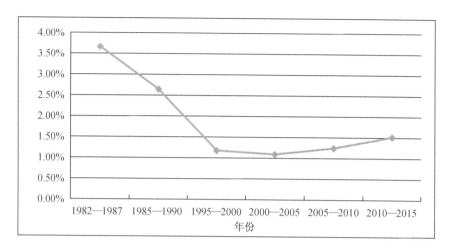

图 5-17　1982—2015 年辽宁省迁出人口占全国跨省总迁移人口比重的变化趋势

12 的省级行政单元为位列"辽宁省迁出人口第二梯度"的省级行政单元，以此类推，最终结果如图 5-18。

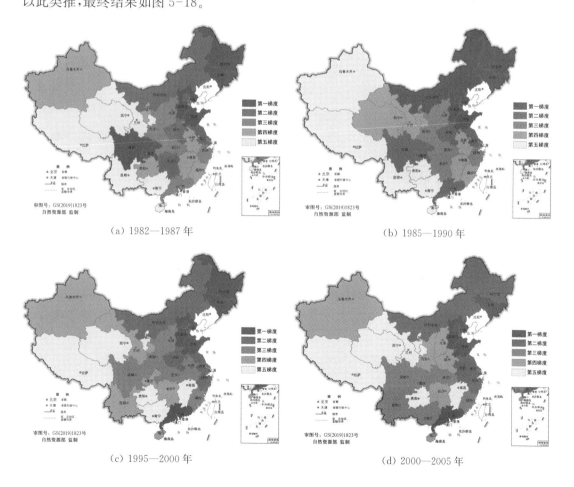

(a) 1982—1987 年　　　　　　　　(b) 1985—1990 年

(c) 1995—2000 年　　　　　　　　(d) 2000—2005 年

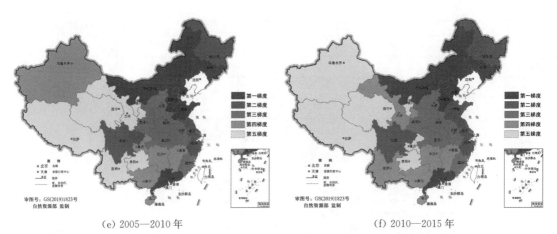

(e) 2005—2010 年　　　　　　　　　　　　(f) 2010—2015 年

图 5-18　1982—2015 年辽宁省迁出至目的地的人口规模梯度演变示意图(见书末彩图)

辽宁省迁出至目的地的人口时空演变呈现如下特征：

① 辽宁省迁出至全国各省级行政单元的总人口规模随时间递增,但变异系数和空间洛伦兹曲线显示,辽宁省迁出至全国各省级行政单元的人口在空间分布上呈先集中后分散趋势,且在 2010—2015 年这个时段呈现最分散状态(表 5-4,图 5-19)。对比结果显示,辽宁省人口迁出目的地的集中程度大于辽宁省人口迁入来源地的集中程度(图 5-20)。同时数据表明,迁入人口的空间分散程度波动与迁出人口的空间分散程度波动具有一定的相关性。

表 5-4　1982—2015 年辽宁省迁出至全国各省级行政单元的人口变异系数

时段	变异系数	时段	变异系数
1982—1987 年	1.241 645	2000—2005 年	1.285 234
1985—1990 年	1.225 951	2005—2010 年	1.229 950
1995—2000 年	1.172 655	2010—2015 年	1.149 067

② 黑龙江和吉林两个省对辽宁省人口的吸引能力快速下降(图 5-21)。1982—1987 年、1985—1990 年这 2 个时段,黑龙江、吉林 2 个省作为辽宁省人口迁出的主要目的地,吸引了该时段辽宁省迁出人口的 29.36% 和 31.31%;而 2010—2015 年,迁出至黑龙江和吉林 2 个省的人口仅占辽宁省迁出人口的 10.82%。

③ 华北、华东、华南地区对辽宁省人口的吸引能力快速上升。其中,北京、天津、上海、广东 4 个省市在 6 个时段分别占辽宁省迁出人口的 12.10%、14.07%、30.18%、39.48%、38.99%、39.76%,成为辽宁省迁出人口规模上升最快的四个省级行政区,北京则取代黑龙江成为辽宁省人口迁入最多

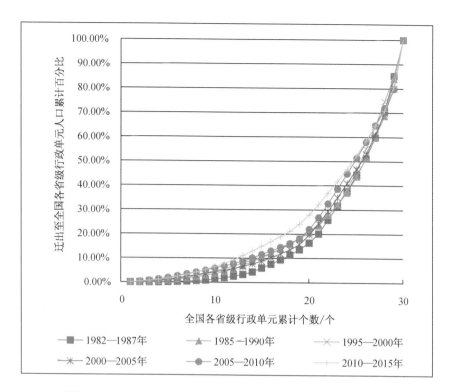

图 5-19 1982—2015 年辽宁省迁出人口的空间洛伦兹曲线演变

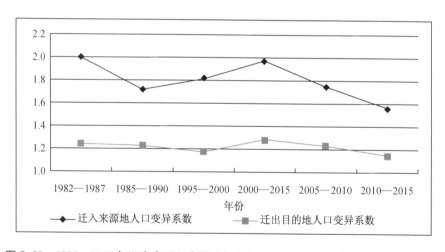

图 5-20 1982—2015 年辽宁省迁入来源地与迁出目的地人口分布的离散程度波动对比

的省级行政区。华中、西北、西南地区对辽宁省人口的吸引能力略有下降。其中,新疆的吸引能力逐年下降,而贵州、宁夏、青海、西藏在 6 个时段始终是辽宁省人口迁出规模最少的区域(图 5-21)。

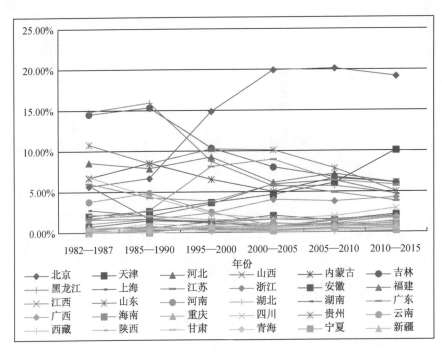

图 5-21 1982—2015 年辽宁省迁出至全国各省级行政单元的人口占比变化情况

5.2.2 吉林省迁出人口空间格局

1982—2015 年,吉林省迁出人口规模出现两次波峰(图 5-22)。1995—2000 年,迁出人口约 55.72 万人,较上一时段增长 56.74%,形成第一次波峰;2005—2010 年,迁出人口约 85.39 万人,较上一时段增长 58.54%,形成第二次波峰。2010—2015 年,迁出人口下降至约 81.65 万人。

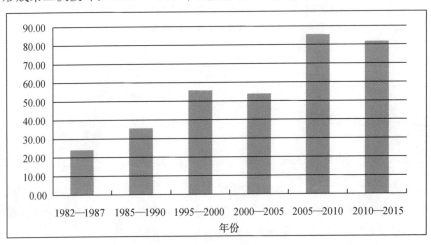

图 5-22 1982—2015 年吉林省迁出人口规模变化(单位:万人)

吉林省迁出人口占全国跨省总迁移人口的比重呈现先下降后趋于稳定的趋势(图5-23)。其中,1982—2000年该比重由3.8%骤降至1.64%,与辽宁省人口迁出极为相似。进入21世纪以来,吉林省迁出人口占全国跨省总迁移人口的比重逐步稳定在1.5%上下。由于2015年吉林省人口总规模为2 746万人,约占全国总人口的2.0%,因此单从人口迁出的绝对值来看,吉林省迁出人口占全国跨省总迁移人口的比重并未高于全国平均水平。

将1982—2015年吉林省迁出至全国各省级行政单元的人口规模分6个时段进行统计分析,将30个省级行政单元分为5个梯度等级,在ArcGIS 10.2软件的辅助下实现空间数据可视化(图5-24)。

分析发现,吉林省迁出至全国各省级行政单元的人口分布呈现以下时空特征:

① 整体来看,吉林省迁出至全国各省级行政单元的总人口规模随时间递增,迁往各目的地的人口分布逐步趋于平均化。计算6个时段迁往全

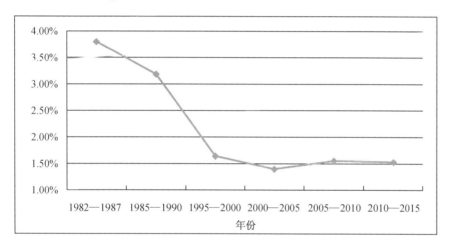

图5-23 1982—2015年吉林省迁出人口占全国跨省总迁移人口比重的变化趋势

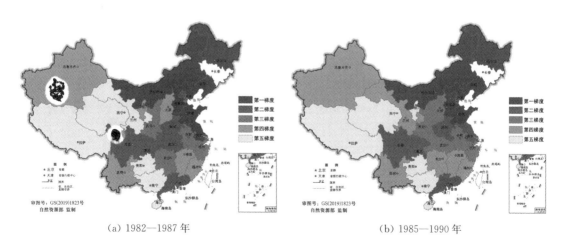

(a) 1982—1987年　　　　　　　(b) 1985—1990年

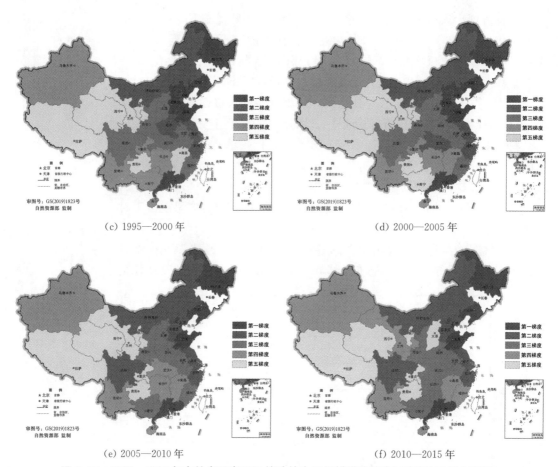

(c) 1995—2000 年　　　　　　　　　(d) 2000—2005 年

(e) 2005—2010 年　　　　　　　　　(f) 2010—2015 年

图 5-24　1982—2015 年吉林省迁出至目的地的人口规模梯度演变示意图(见书末彩图)

国各个省级行政单元的人口数量变异系数(表 5-5),变异系数从 1.899 643 一直下降到 1.150 661,表明迁往各地的人口规模比例差异正在缩小。对 1982—2015 年吉林省迁出人口的空间洛伦兹曲线进行叠加,同样显示 6 个时段的洛伦兹曲线不断向对角线移动,亦证实迁往各目的地的人口分布逐步趋于分散化(图 5-25)。对比结果显示,吉林省人口迁出目的地的集中程度远大于吉林省人口迁入来源地的集中程度,这一点和辽宁省的情况极为相似(图 5-26)。

表 5-5　1982—2015 年吉林省迁出至全国各省级行政单元的人口变异系数

时段	变异系数	时段	变异系数
1982—1987 年	1.899 643	2000—2005 年	1.613 306
1985—1990 年	1.842 815	2005—2010 年	1.479 685
1995—2000 年	1.696 221	2010—2015 年	1.150 661

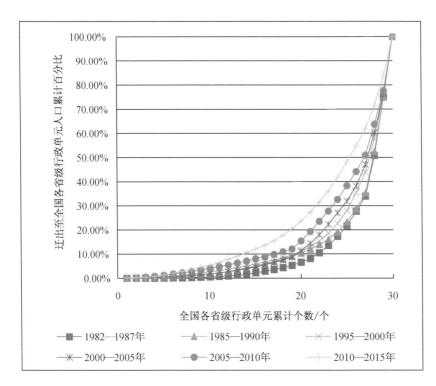

图 5-25 1982—2015 年吉林省迁出人口的空间洛伦兹曲线演变

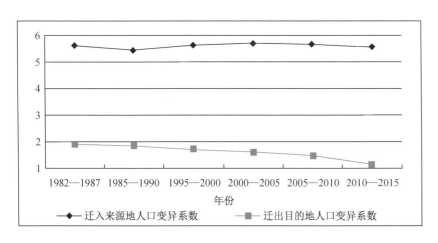

图 5-26 1982—2015 年吉林省迁入来源地与迁出目的地人口分布的离散程度波动对比

② 从迁出规模的时序变化来看,吉林省主要的人口迁移目的地正在由相邻的辽宁、山东、黑龙江、河北和内蒙古 5 个省区向北京、天津、广东 3 个省市转移。1982—1987 年,吉林省迁往辽宁、山东、黑龙江、河北、内蒙古 5 个省区的人口占跨省迁出总人口的 78.33%,在此后 5 个时段里,吉林省迁往上述 5 个省区的人口占跨省迁出总人口的比重分别是 76.70%、

67.58%、56.36%、50.84%、39.47%,而6个时段里迁往北京、天津、广东3个省市的比重则分别是5.31%、7.04%、16.99%、24.11%、25.55%和28.70%(图5-27)。

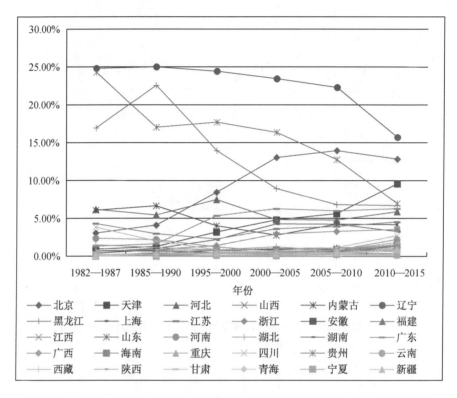

图5-27 1982—2015年吉林省迁出至全国各省级行政单元的人口占比变化情况

③ 从区域来看,吉林省迁出人口向东部沿海地区迁移的比重正在逐步上升,向西部和内陆地区迁移的比重正在逐步下降(图5-27)。图5-27显示,1982—2015年,吉林省迁往浙江、安徽、福建等华东沿海地区的人口比重呈逐步上升趋势,迁往广东、广西、海南等华南地区的人口比重也有此趋势;而迁往西北、西南、华中地区的人口比重则呈波动或下降趋势。

5.2.3 黑龙江省迁出人口空间格局

1982—2015年,黑龙江省迁出人口规模呈阶梯状倍数增长趋势(图5-28),同期增长幅度远高于辽宁省和吉林省,且与迁入人口数量变化几乎没有相关性。2005—2010年,黑龙江迁出人口达到峰值(约146.32万人),是1982—1987年的324.87%;2010—2015年,黑龙江迁出人口规模降低至约131.28万人,但仍然高于辽宁、吉林两个省。

黑龙江省迁出人口占全国跨省总迁出人口的比重呈下降趋势,但下降

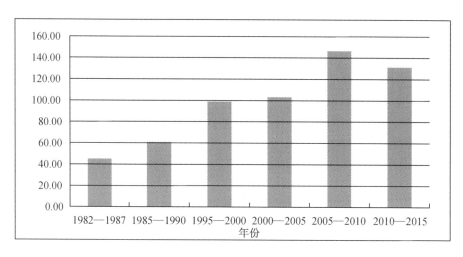

图 5-28　1982—2015 年黑龙江省迁出人口规模变化(单位:万人)

曲线斜率逐步减小(图 5-29)。其中,1982—2000 年,黑龙江省迁出人口占全国跨省总迁移人口的比重由 7.15% 骤降至 2.91%,主要原因是全国跨省总迁移人口规模迅速增加。进入 21 世纪以来,黑龙江省迁出人口占全国跨省总迁移人口的比重逐步降至 2.46%。由于 2015 年黑龙江省人口规模为 3 812 万人,约占全国总人口的 2.8%,因此黑龙江省迁出人口占全国跨省总迁移人口的比重并未高于全国平均水平。

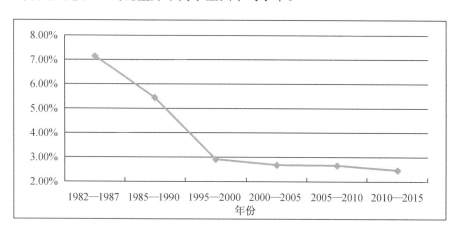

图 5-29　1982—2015 年黑龙江省迁出人口占全国跨省总迁移人口比重的变化趋势

将 1982—2015 年黑龙江省迁出至全国各省级行政单元的人口规模分 6 个时段进行统计分析,并将 30 个省级行政单元分为 5 个梯度等级,在 ArcGIS 10.2 软件的辅助下实现空间数据可视化(图 5-30)。

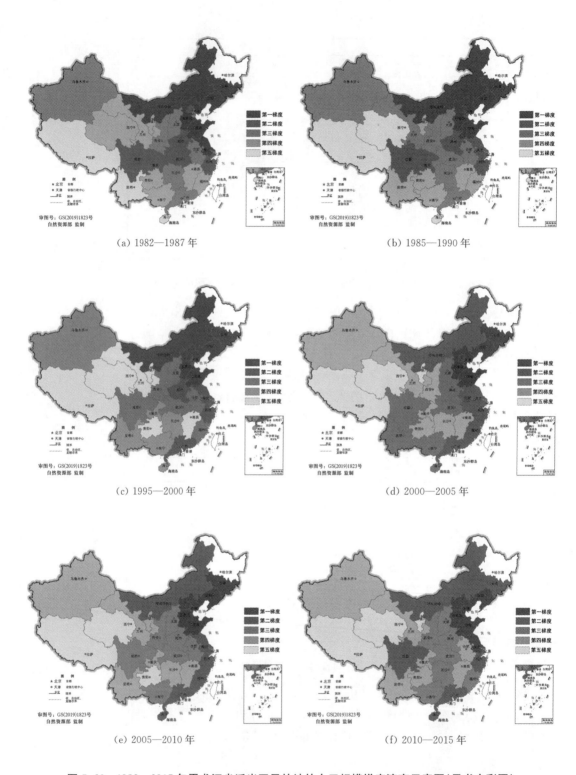

图 5-30　1982—2015 年黑龙江省迁出至目的地的人口规模梯度演变示意图(见书末彩图)

分析发现,黑龙江省迁出至全国各省级行政单元的人口分布呈现以下时空特征:

① 整体来看,黑龙江省迁出至全国各省级行政单元的总人口规模随时间递增,迁往各目的地的人口分布逐步趋于分散化。在 6 个时段中,黑龙江省迁往各个省级行政单元的人口数量变异系数从 2.116 781 下降到 1.274 033(表 5-6),表明迁往各地的人口规模比例差异正在缩小。对 1982—2015 年黑龙江省迁出人口的空间洛伦兹曲线进行叠加,同样显示 6 个时段的洛伦兹曲线不断向对角线移动,亦证实迁往各目的地的人口分布逐步趋于平均化,但 1985—1990 年、1995—2000 年、2000—2005 年和 2005—2010 年这 4 个时段的变化不显著(图 5-31)。然而,黑龙江省人口迁出目的地的集中程度与黑龙江省人口迁入来源地的集中程度极为相似,这一点与辽宁省、吉林省完全不同(图 5-32)。

表 5-6　1982—2015 年黑龙江省迁出至全国各省级行政单元的人口变异系数

时段	变异系数	时段	变异系数
1982—1987 年	2.116 781 0	2000—2005 年	1.676 272 4
1985—1990 年	1.742 510 0	2005—2010 年	1.605 574 0
1995—2000 年	1.745 234 1	2010—2015 年	1.274 033 0

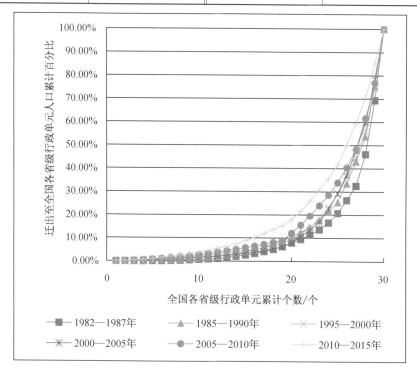

图 5-31　1982—2015 年黑龙江省迁出人口的空间洛伦兹曲线演变

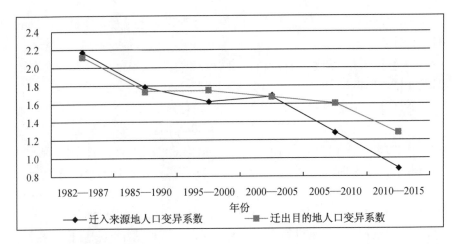

图 5-32　1982—2015 年黑龙江省迁入来源地与迁出目的人口地分布的离散程度波动对比

② 从迁出规模的时序变化来看,黑龙江省迁往山东、辽宁、吉林 3 个省的人口规模下降明显,尤其是黑龙江省迁往山东省的人口规模减小最为剧烈。在 6 个时段里迁往山东省的人口占黑龙江省总迁出人口的比重分别是 30.67％、21.52％、20.04％、18.48％、15.14％、10.85％;而北京、天津接纳黑龙江省的人口规模则逐步上升,在 6 个时段里黑龙江省迁往这 2 个直辖市的人口规模占总迁出人口的比重分别为 3.94％、6.28％、12.53％、22.82％、19.91％、24.44％(图 5-33)。1982—2015 年,北京、天津 2 个直辖市所接纳的黑龙江省迁出人口比重提升约 20％,近似于山东省减少的份额(图 5-33)。

③ 从区域来看,1982—2015 年,黑龙江省人口主要迁移目的地发生明显的空间转移,表现为先由"山东省＋辽吉蒙"地区向"环渤海＋东部沿海"地区转移,再由"环渤海＋东部沿海"地区向"环渤海"地区转移。图 5-33 显示,1982—1987 年,黑龙江省的人口主要迁往山东、辽宁、吉林、河北,人口迁移规模受距离影响最为强烈;2000—2005 年、2005—2010 年这 2 个时段,除北京、天津外,迁往包括江苏、上海、浙江、福建、海南在内的东南沿海地区的人口规模数量和比例明显上升,形成由海向陆的明显梯次。

5.3　分析与小结

以 1982—2015 年的 6 个时段为研究时间范围,以全国各省级行政单元为研究对象,东北三省人口对外迁移呈现以下特征和规律:

(1) 辽宁、吉林、黑龙江三省在迁入、迁出的人口规模演变方面呈现出不同的变化特征。在人口迁入方面,辽宁省与吉林省的变化线形相似,跨省迁入人口规模先增后减呈"倒 U 形",在 2005—2010 年这个时段达到峰值;而黑龙江省人口迁入曲线则呈波动上升,在 2010—2015 年这个时段达

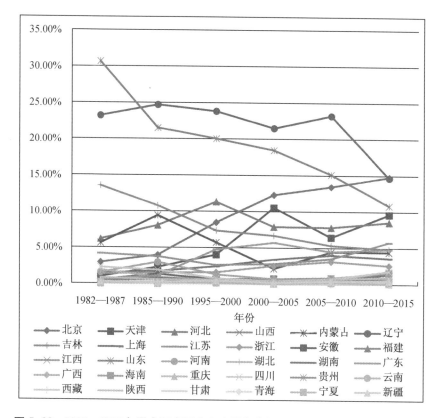

图 5-33　1982—2015 年黑龙江省迁出至全国各省级行政单元的人口占比变化情况

到峰值。在人口迁出方面,吉林省与黑龙江省的变化线形相似,跨省迁出人口规模先增后减,在 2005—2010 年这个时段达到峰值,而辽宁省迁出人口则持续上升,在 2015 年迁出人口数量超过迁入人口数量,出现净迁出。

(2) 随着时间推移,全国迁往辽宁、吉林、黑龙江三省的人口分布并没有集中,反而呈分散化趋势,三个省份从南向北分散化趋势逐步显著。辽宁、吉林、黑龙江三省迁往全国的人口分布呈现分散化特征,但相比之下辽宁、吉林的迁出人口在全国分布的集中程度明显高于迁入人口来源地分布的集中程度,黑龙江省的迁出人口在全国分布的集中程度则与迁入人口来源地分布的集中程度相差无几。

(3) 从迁入人口数量分布来看,除人口迁出大省四川外,辽宁、吉林、黑龙江三省均基本遵循距离衰减规律。历次迁入人口规模最大的地区均位于东北三省、内蒙古及环渤海省份,迁入人口随距离呈现梯次特征。秦岭—淮河线作为中国南北分界线,对辽宁、吉林、黑龙江三省迁入人口的阻碍作用的大小排序为辽宁>吉林>黑龙江,如 2010—2015 年此线北部与南部迁入辽宁、吉林、黑龙江三省的人口之比约为 3∶1、2∶1、3∶2,表明在三个省份中,黑龙江省更容易接纳跨越南北界限而长距离迁入的人口。

(4) 从迁出人口数量分布来看,不论东北三省的哪个省份,迁出的目的地除了相邻省份外,迁往北京、天津、山东三个省级行政单元的人口规模最大。东北三省内部迁移比重随时间变化而普遍降低,东部沿海作为迁移目的地的人口迁移规模随时间变化整体呈上升趋势。秦岭—淮河线对东北三省迁出人口的限制作用大于对迁入人口的阻碍作用,如 2010—2015 年辽宁、吉林、黑龙江迁至此线北部与南部的人口之比约为 2∶1、3∶1、7∶3,秦岭—淮河线对三个省份迁出的限制作用的大小排序为吉林>黑龙江>辽宁,说明吉林省迁出人口最不容易跨越南北界限。2010—2015 年,东北三省人口迁出规模有所缓解,低于全国平均值。

(5) 不论迁入、迁出,东北三省与西藏、青海、宁夏、贵州、重庆等西部、南部和少数民族区域省级行政单元的人口交流数量均为最少。海南省迁往东北三省的人口极少,但作为人口迁移目的地,1982—2015 年其接纳的东北三省人口数量上升幅度最大。

第 5 章注释
① 由于数据篇幅过大,详见附表。
② 辽宁省总体变化趋势不如吉林省和黑龙江省明显。

第 5 章参考文献
保罗·克鲁格曼,2000. 地理和贸易[M]. 张兆杰,译. 北京:北京大学出版社.
胡兆量,等,1987. 经济地理学导论[M]. 北京:商务印书馆.

第 5 章图表来源
图 5-1、图 5-2 源自:笔者绘制。
图 5-3 源自:笔者绘制[底图源自自然资源部网站标准地图,审图号为 GS(2019)1823 号]。
图 5-4 至图 5-7 源自:笔者绘制。
图 5-8 源自:笔者绘制[底图源自自然资源部网站标准地图,审图号为 GS(2019)1823 号]。
图 5-9 至图 5-12 源自:笔者绘制。
图 5-13 源自:笔者绘制[底图源自自然资源部网站标准地图,审图号为 GS(2019)1823 号]。
图 5-14 至图 5-17 源自:笔者绘制。
图 5-18 源自:笔者绘制[底图源自自然资源部网站标准地图,审图号为 GS(2019)1823 号]。
图 5-19 至图 5-23 源自:笔者绘制。
图 5-24 源自:笔者绘制[底图源自自然资源部网站标准地图,审图号为 GS(2019)1823 号]。
图 5-25 至图 5-29 源自:笔者绘制。
图 5-30 源自:笔者绘制[底图源自自然资源部网站标准地图,审图号为 GS(2019)1823 号]。
图 5-31 至图 5-33 源自:笔者绘制。
表 5-1 至表 5-6 源自:笔者绘制。

6 东北三省人口迁移的空间偏好

6.1 人口迁移的空间偏好

"偏好"在微观经济学中指人们对于物品的喜欢程度(平新乔,2001)。这里"人口迁移的空间偏好"特指某个地区的人们对于迁往另外地区的喜欢程度。对于某一地区 i 而言,全国各地 $j(j=1,2,\cdots)$ 迁入地区 i 的人口规模 $M_{i\leftarrow j}$ 在空间上的不均衡分布演变虽然可以显示各地 j 对该地区迁入人口的贡献变化,但由于各地 j 的人口基数不同、面向全国其他地区人口迁移的情况不同,因此无法解释"某个地区 $j(j=1,2,\cdots)$ 的人口相比较其他地区而言,更喜欢流往地区 i",即地区 i 对地区 $j(j=1,2,\cdots)$ 的相对引力有何不同,更不能解释这种相对引力在不同时间段 $t(t=1,2,\cdots)$ 的演变趋势。

为观察人口迁移偏好、揭示其变化规律,参考区位熵(魏后凯,2006)对地区专业化的量化表达思维方式,提出"人口引力指数"概念,其表达式为

$$I_{i\leftarrow j,t} = \frac{M_{i\leftarrow j,t}}{\sum M_{i,t}} \bigg/ \frac{\sum M_{j,t}}{\sum M_{全国,t}} \tag{6-1}$$

($i=$辽宁,吉林,黑龙江;$j=$北京,天津,$\cdots$;$t=t_1,t_2,\cdots$)

其中,$I_{i\leftarrow j,t}$ 表示 t 时段 i 地吸引 j 地的人口吸引力指数;$M_{i\leftarrow j,t}$ 表示 t 时段从 j 地迁出到 i 地的人口数量;$\sum M_{j,t}$ 表示 t 时段 j 地跨省迁出的人口总数量;$\sum M_{i,t}$ 表示 t 时段 i 地跨省迁入的人口总数量;$\sum M_{全国,t}$ 表示 t 时段全国跨省人口迁移总数量。

那么,对于某一地区 i 和地区 i 人口迁出目的地 $j(j=1,2,\cdots)$ 而言,人口规模 $M_{i\rightarrow j}$ 不能解释"地区 i 的人口相对于全国而言,比迁往某地区更喜欢迁往另外一个地区",因此提出"迁出偏好指数"概念,旨在度量地区 i 的迁出人口更偏好去往的地区,以及这种偏好的时间演进,其表达式为

$$I_{i\rightarrow j,t} = \frac{M_{i\rightarrow j,t}}{\sum M_{i,t}} \bigg/ \frac{\sum M_{j,t}}{\sum M_{全国,t}} \tag{6-2}$$

$$(i = 辽宁, 吉林, 黑龙江; j = 北京, 天津, \cdots; t = t_1, t_2, \cdots)$$

其中，$I_{i \leftarrow j, t}$ 表示 t 时段人口从 i 地迁出到 j 地的迁出偏好指数；$M_{i \leftarrow j, t}$ 表示 t 时段从 i 地迁出到 j 地的人口迁出数量；$\sum M_{i, t}$ 表示 t 时段 i 地跨省迁出的人口总数量；$\sum M_{j, t}$ 表示 t 时段 j 地跨省迁入的人口总数量；$\sum M_{全国, t}$ 表示 t 时段全国跨省人口迁移总数量。

6.2 全国各地迁往东北三省的偏好

6.2.1 全国各地迁往辽宁省的偏好

根据对"人口引力指数" $I_{i \leftarrow j}$ 的概念设定，如果 $i =$ 辽宁省，$j =$ 全国各省级行政单元，则有：

① 同一时段，辽宁省人口引力指数与"j 地区迁往辽宁省的人口数量占 j 地区全部迁出人口数量的比重"成正比，与"全国各省级行政单元迁往辽宁省的人口数量占全国跨省迁移人口总数量的比重"成反比。

② 辽宁省的人口引力指数越大，其对 j 地区迁出人口的相对吸引力就越大。若辽宁省的人口引力指数大于 1，则辽宁省对 j 地区迁出人口的相对吸引力大于辽宁省对全国各省级行政单元迁出人口的吸引力的平均值；反之亦然。

根据上述计算方式，采用截面人口迁移数据对辽宁省各个时段人口引力指数进行计算。本书尝试利用地理信息系统软件（ArcGIS 10.2）对计算结果进行分类可视化。为方便观察，将辽宁省"人口引力指数"分为 6 个层级，即 <0.5、0.5—1.0、1.0—2.0、2.0—5.0、5.0—10.0、>10.0，如图 6-1 所示。

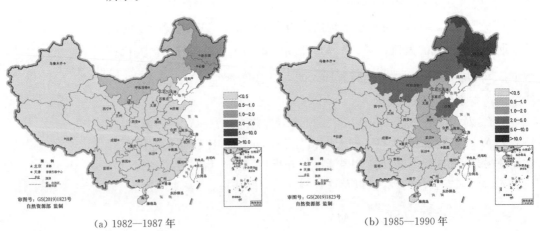

(a) 1982—1987 年　　　　　　　　　　(b) 1985—1990 年

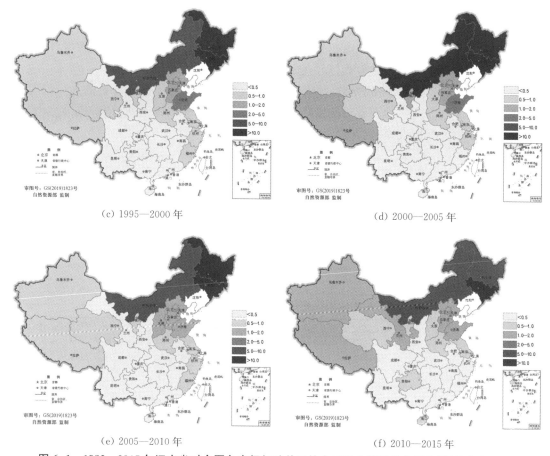

(c) 1995—2000 年　　　　　　　　(d) 2000—2005 年

(e) 2005—2010 年　　　　　　　　(f) 2010—2015 年

图 6-1　1982—2015 年辽宁省对全国各省级行政单元的人口引力指数分布示意图(见书末彩图)

经过分析获得辽宁省对全国各省级行政单元人口引力指数的时空演变特征如下：

① 从时间演变来看，辽宁省人口引力指数趋势变化明显，并与迁入人口绝对值变化呈现明显分异。这证实了在全国对人口迁移的政策不断放宽、交通条件不断改善的背景下，全国各省级行政单元迁往辽宁省的偏好呈现连续的趋势性。同时，人口引力指数比人口迁移绝对值（或全国占比）更具有距离衰减特征，如在 2010—2015 年这个时段，辽宁—山东—河南—江西、辽宁—河北—山西—陕西、辽宁—内蒙古—甘肃—青海三个方向的引力指数具有明显的分布梯次特征。

② 从全国层面来看，随着时间变化，辽宁省对秦岭—淮河以北地区的人口引力指数明显上升，对秦岭—淮河以南地区的人口引力指数持续下降，这说明北方人对迁往辽宁省的偏好在加强，而南方人对迁往辽宁省的偏好则在下降。

③ 在同一时段内，吉林、黑龙江、内蒙古三个省区对辽宁省的人口迁

移偏好明显高于其他地区;随着时间变化,辽宁省对上述三个省区的人口引力指数总体上先上升后下降,其中,2000—2005年辽宁省对吉林省的人口引力指数为13.23,达到峰值;2010—2015年,吉林省取代黑龙江,再次成为"人口最喜欢迁往辽宁省的省份"(图6-2)。

④ 新疆、青海、甘肃、西藏等西北地区虽然迁往辽宁省的人口绝对数量不高,但随着时间变化,人口迁往辽宁省的偏好不断升高,成为继山东、河北、北京、天津之后,人口迁往辽宁省偏好较高的地区。

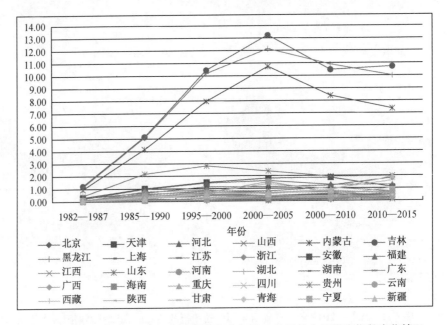

图6-2 1982—2015年辽宁省对全国各省级行政单元的人口引力指数变化情况

6.2.2 全国各地迁往吉林省的偏好

令人口引力指数 $I_{i \rightarrow j}$ 表达式中的 i =吉林省,计算各个时间截面的"人口引力指数",同样按照"<0.5、0.5—1.0、1.0—2.0、2.0—5.0、5.0—10.0、>10.0"6个层级获得专题图,结果如图6-3所示。

经过分析获得吉林省对全国各省级行政单元人口引力指数的时空演变特征如下:

① 从空间演变来看,吉林省对全国各省级行政单元人口引力指数呈现较连续的趋势性,南北地区差异较大。1982—1987年,人口引力指数大于0.5的省级行政单元只有黑龙江、辽宁和山东(该时段全国跨省迁入吉林省的人口占全国跨省总迁移人口的17.35%,是指数普遍较低的原因之一);1987—2000年,人口引力指数大于0.5的省份逐渐扩散,主要分布于

东北地区和华东地区；2000—2010年，新疆、青海、西藏地区的人口引力指数得到提升；2010—2015年，除海南外，人口引力指数大于1的区域均位于秦岭—淮河以北地区(图6-3)。

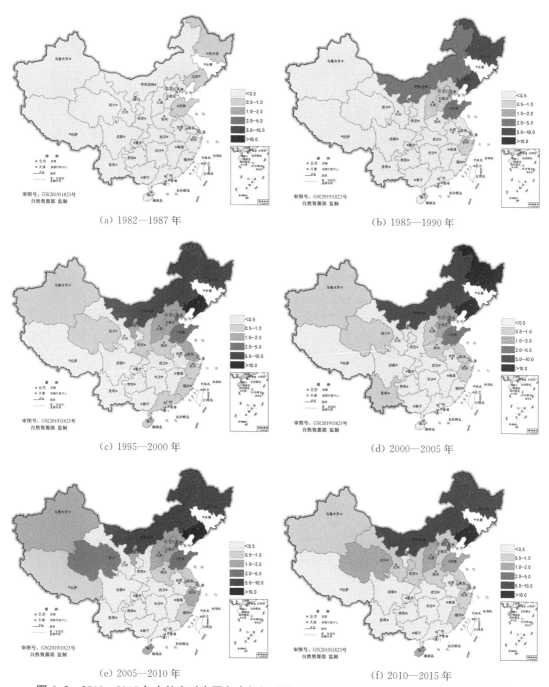

(a) 1982—1987年　　　　　　　(b) 1985—1990年

(c) 1995—2000年　　　　　　　(d) 2000—2005年

(e) 2005—2010年　　　　　　　(f) 2010—2015年

图6-3　2010—2015年吉林省对全国各省级行政单元的人口引力指数分布示意图(见书末彩图)

② 从时间演变来看,在 1982—1987 年这个时段,吉林省对辽宁、黑龙江、内蒙古、山东四个省区的人口引力指数明显高于其他省级行政单元,它们属于吉林省人口高吸引区;随着时间的推移,吉林省对天津、北京、上海、海南的人口引力指数逐步升高,而对西南地区的西藏、四川、贵州、重庆、云南,华中地区的河南、湖北、湖南,华南地区的广东、广西,西北地区的新疆、甘肃、陕西,华东地区的安徽、江西、浙江、福建的人口引力指数始终小于1,它们属于吉林省的人口低吸引区(图 6-4)。

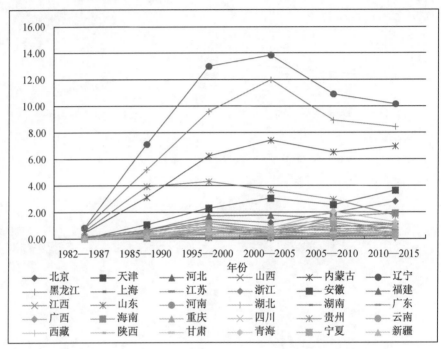

图 6-4 1982—2015 年吉林省对全国各省级行政单元的人口引力指数变化情况

③ 人口引力指数与人口迁移规模分布变化总体协调,部分分异明显。其主要的分异有:四川、河南、安徽、甘肃迁往吉林的人口规模绝对值虽然并不低,但人口基数大,跨省总迁移规模大导致迁往吉林的偏好不显著;宁夏、青海则相反,迁往吉林的人口规模不大,但比例较高,偏好指向显著。

6.2.3 全国各地迁往黑龙江省的偏好

令人口引力指数 $I_{i \leftarrow j}$ 表达式中的 $i=$ 黑龙江省,计算各个时间截面的"人口引力指数",同样按照"<0.5、0.5—1.0、1.0—2.0、2.0—5.0、5.0—10.0、>10.0"6 个层级获得专题图,结果如图 6-5 所示。

经过分析获得黑龙江省对全国各省级行政单元人口引力指数的时空演变特征如下:

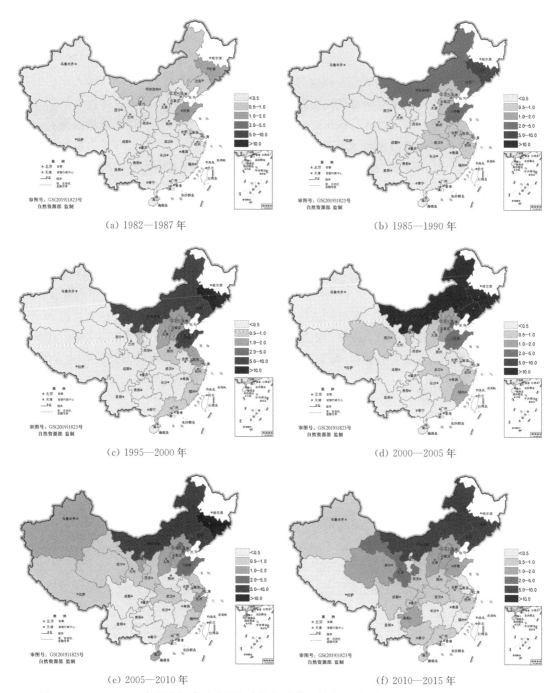

图 6-5　1982—2015 年黑龙江省对全国各省级行政单元的人口引力指数分布示意图(见书末彩图)

① 从时间演变来看,人口引力指数变化显现出明显的分时演变特征。在 6 个时段中,以 2000—2005 年这一时段为界限,前 3 个时段高指数逐步向东北三省和内蒙古区域集中,之后再逐步分散。1982—1987 年,除相邻

的吉林和内蒙古之外,指数大于 0.5 的区域仅包括山东和辽宁;1985—2000 年,指数大于 0.5 的区域逐步向东南沿海蔓延,占据东部沿海的全部省区市;2000—2015 年,指数大于 0.5 的区域则开始向内陆转移。另外,有 2 个时段体现了指数的空间规律性,一个是 1995—2000 年,人口引力指数分布在全国范围内由东向西递减,表现出沿海省区市迁往黑龙江的相对偏好高于内陆省区市;另一个是 2010—2015 年,这一时段虽然以秦岭—淮河为界的南北分异并不明显,但总体上高纬度地区的人口引力指数高于低纬度地区,表现出北方省区市迁往黑龙江的相对偏好高于南方省区市。

② 从空间布局来看,黑龙江省对西北地区的陕西、甘肃、青海、新疆等省区的人口引力指数持续上升,而对东北地区的辽宁、吉林等省份,华北地区的山东、天津、北京、河北等省级行政单元的人口引力指数则先上升后下降。2000—2005 年,黑龙江省对吉林、内蒙古、辽宁三个省区的人口引力指数均达到峰值,分别为 17.45、14.38、11.05,表现出人口迁移的近邻特征,此后三个省区的人口引力指数逐步下降,但仍旧是黑龙江省在全国范围内引力指数最高的人口来源地;2010—2015 年,黑龙江省对上述三个省区的人口引力指数分别为 7.56、6.70、5.66。同时,随着时间推移,甘肃省逐步成为继吉林、内蒙古、辽宁之后黑龙江省对其吸引偏好最大的省份(图 6-6)。

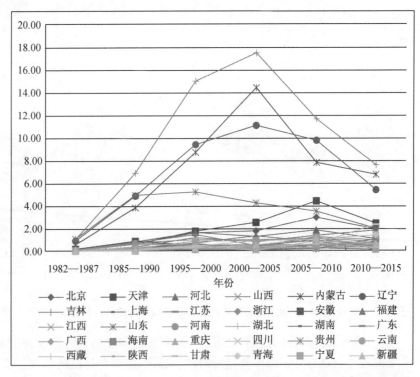

图 6-6　1982—2015 年黑龙江省对全国各省级行政单元的人口引力指数变化情况

③ 总体来看，人口引力指数与人口迁移规模的分布变化在空间上呈现相关性。华东西部地区的安徽、江西和华中地区的河南、湖北、湖南等地，人口引力指数与迁移人口占比均低于平均值，贵州与华南地区的广东、广西、海南的人口引力指数与迁移人口占比变化也基本协调。但也有特例，在1982—1987年和1985—1990年这2个时段，山东省迁往黑龙江省的人口占总吸纳人口的比重从31.57%下降到23.56%，人口引力指数却由1.07上升到4.91，这说明山东省自身的迁出人口大幅下降，但迁往黑龙江省的人口比例却得到提升。

6.3 东北三省对人口迁出目的地的偏好

6.3.1 辽宁省对人口迁出目的地的偏好

根据"迁出偏好指数"$I_{i \to j}$的概念设定，如果i=辽宁省，j=全国各省级行政单元，则有：

① 在同一时段，辽宁省迁出偏好指数与"辽宁省迁往j地区的人口数量占辽宁省跨省全部迁出人口数量的比重"成正比，与"全国各省级行政单元迁往j地区的人口数量占全国跨省迁移人口总数量的比重"成反比。

② 迁出偏好指数越大的地区，辽宁省人口对该地区的相对偏好越高，即该地区对辽宁省迁出人口的相对吸引力越大；若迁出偏好指数大于1，则说明该地区对辽宁省人口的相对偏好大于对全国迁移人口的平均偏好。

根据上述计算方式，采用人口迁移截面数据对辽宁省各个时段人口迁出偏好指数进行计算。本书尝试利用ArcGIS 10.2软件对计算结果进行分类可视化。为方便观察，将辽宁省"迁出偏好指数"分为6个层级，即<0.5、0.5—1.0、1.0—2.0、2.0—5.0、5.0—10.0、>10.0，如图6-7所示。

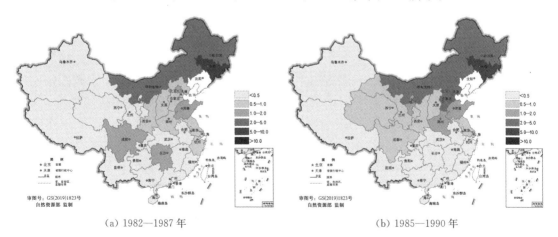

(a) 1982—1987年　　　　　　　　(b) 1985—1990年

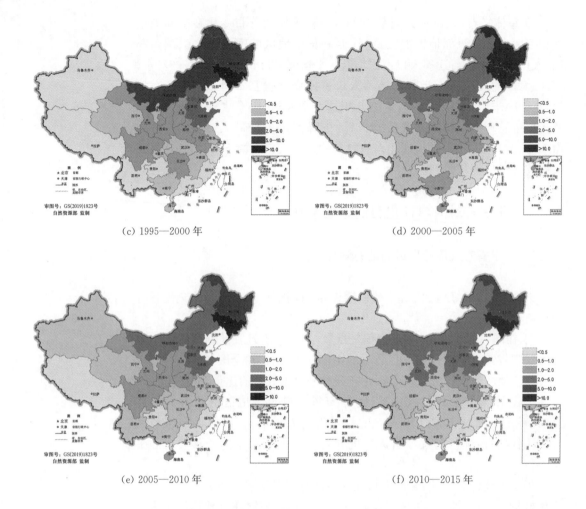

(c) 1995—2000 年　　　　　　　　(d) 2000—2005 年

(e) 2005—2010 年　　　　　　　　(f) 2010—2015 年

图 6-7　1982—2015 年辽宁省对全国各省级行政单元的迁出偏好指数分布示意图（见书末彩图）

分析显示辽宁省迁出偏好指数呈现以下特征：

① 在 1982—2015 年的 6 个时段中，辽宁省人口迁出偏好指数的空间格局发生渐进式变化，指数随距离衰减的特征趋于明显，高指数的分布呈向南扩散蔓延趋势。秦岭—淮河仍为指数高低的明显分界线。辽宁省对吉林、黑龙江、内蒙古三个省级行政单元的迁出偏好指数呈现较大幅度的波动变化，但它们始终是辽宁省人口迁出偏好指数最高的地区，其中 2000—2005 年，辽宁省对吉林省的迁出偏好指数达到 14.02，为 30 个省级行政单元历次最高值（图 6-8）。

② 迁往北京、天津的辽宁省人口虽占比逐年提高且具有绝对优势，但由于全国其他省级行政单元迁往北京、天津的人数总规模较大，因此辽宁省迁至这两地的偏好指数呈现波动，优势并不突出。6 个时段迁至北京的偏好指数分别为 1.09、2.99、2.54、3.38、2.90、2.56，迁至天津的偏好指数

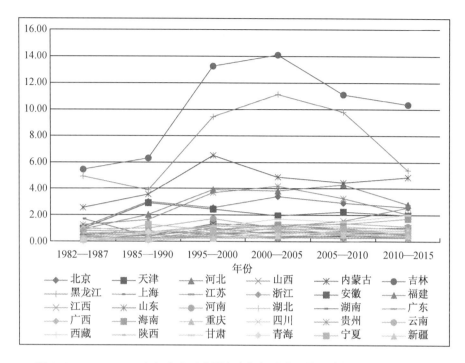

图 6-8　1982—2015 年辽宁省对全国各省级行政单元的迁出偏好指数变化情况

分别为 0.96、2.89、2.42、1.95、2.23、1.96。

③ 低指数区域主要位于华东、华南、西北、西南地区。虽然广东、浙江、福建、江西、江苏吸引的辽宁人口规模和占比逐年上升,但迁出偏好指数始终小于 1,不属于辽宁人口的相对迁出偏好地;尤其是广东省,6 个时段的偏好指数分别为 0.33、0.23、0.23、0.28、0.25、0.29,几乎历次都低于西藏自治区,成为相对而言"辽宁人最不喜欢去往的省级行政单元",与人口迁移的绝对数据差异较大。

④ 辽宁省对海南省的各时段人口迁出偏好指数分别为 0.18、0.87、1.26、1.32、1.72(缺失 1982—1987 年数据),成为迁出偏好指数唯一持续上升的沿海省份,可见辽宁人对海南省的钟爱。

6.3.2　吉林省对人口迁出目的地的偏好

令迁出偏好指数 $I_{i \to j}$ 表达式中的 i＝吉林省,计算各个时间截面的"迁出偏好指数",同样按照"＜0.5、0.5—1.0、1.0—2.0、2.0—5.0、5.0—10.0、＞10.0"6 个层级获得专题图,结果如图 6-9 所示。

分析显示吉林省迁出偏好指数呈现以下特征:

① 从时序变化来看,吉林省人口迁出偏好指数总体升高,但指数高低

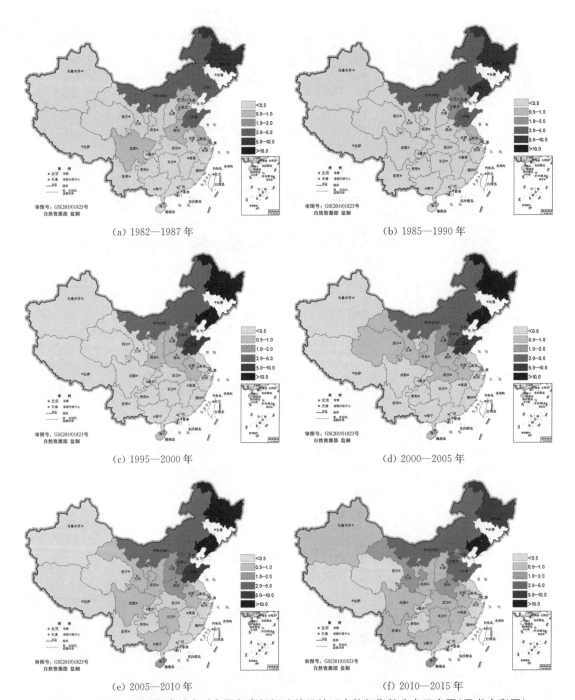

图 6-9 1982—2015 年吉林省对全国各省级行政单元的迁出偏好指数分布示意图(见书末彩图)

自始至终遵循空间距离衰减规律;随时间推进,高指数的分布没有明显向南移动的趋势,这与吉林省人口跨省迁出规模的绝对值产生分异。秦岭—淮河仍为指数高低的明显分界线,指数大于 1 集中于北方地区。

② 从指数分布来看，黑龙江、辽宁的指数最高，是吉林省人口迁出最偏好的目的地，其中2000—2005年，吉林省对黑龙江省的迁出偏好指数达到17.48，为30个省级行政单元历次最高值。内蒙古虽然与吉林省比邻，但6个时段中吉林省人口对其迁出偏好始终低于山东省。吉林省迁往北京、天津、河北的偏好指数先上升后下降，指数在0.43至3.13之间变化且波动曲线近似，1985年后指数均大于1，成为吉林省人口迁出偏好较高的省市。然而对比吉林省迁出至北京、天津、河北三个省市的人口数量，北京、天津、河北的引力指数优势并未特别突出，尤其是2010—2015年，吉林省迁往北京、天津的人口规模不断上升，仅次于辽宁省，这与该时段指数下降产生一定分异。海南、河南、甘肃三省的引力指数不断上升，成为新晋的吉林省迁出人口偏好地（图6-10）。

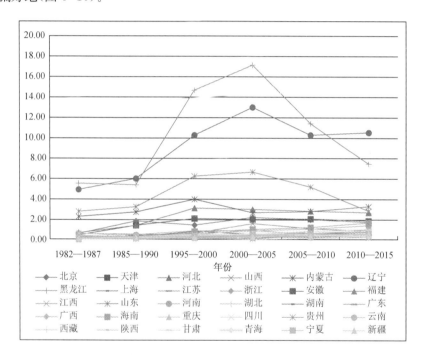

图6-10　1982—2015年吉林省对全国各省级行政单元的迁出偏好指数变化情况

③ 从区位特征来看，贵州、西藏、福建、青海、广东等距离较远省区历来是吉林省人口迁出偏好较低的省区。广东省接纳了吉林省较大的人口迁出规模，偏好指数却在0.15至0.31之间波动，说明广东省对其他省份具有更强大的人口吸引力，这一点与辽宁省人口迁移偏好特征相似。长三角地区的江苏、上海、浙江的引力指数持续低于0.5。华中地区的湖北、湖南及周边的陕西、江西、安徽，西南地区的重庆、四川、云南，西北地区的陕西、新疆、宁夏的偏好虽有上升趋势，但指数均未超过1，不属于吉林省迁出人口的偏好地。

6.3.3 黑龙江省对人口迁出目的地的偏好

利用"迁出偏好指数"来表征黑龙江省人口对跨省迁出目的地的偏好，并制作专题图，分析显示黑龙江省的迁出偏好指数呈现以下特征（图 6-11、图 6-12）：

① 从指数分布来看，黑龙江省对各省级行政单元的人口迁出偏好集中于少数省份，随时间变化较小。吉林、辽宁、山东、内蒙古在 6 个时段的引力指数始终大于 2，属于黑龙江省对外迁移的重要偏好地，其中黑龙江省对吉林省的迁出偏好指数在 2000—2005 年达到峰值，指数为 11.69；河北、天津、北京在 5 个时段的指数大于 1，这 3 个省级行政单元的指数峰值也均在 2000—2005 年，指数均大于 2，属于黑龙江省对外迁移的新晋偏好地。

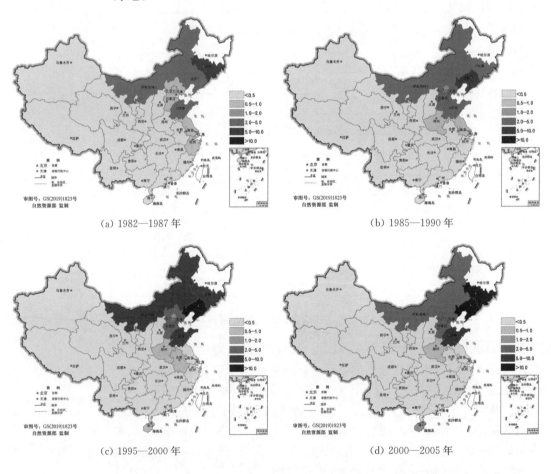

(a) 1982—1987 年   (b) 1985—1990 年

(c) 1995—2000 年   (d) 2000—2005 年

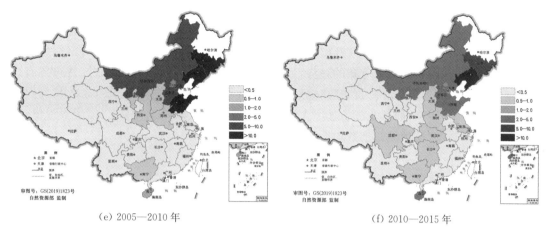

(e) 2005—2010 年　　　　　　　　　(f) 2010—2015 年

图 6-11　1982—2015 年黑龙江省对全国各省级行政单元的迁出偏好指数分布示意图(见书末彩图)

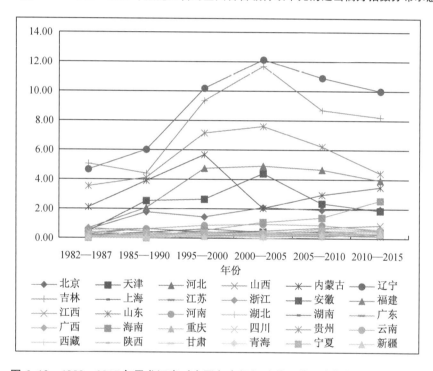

图 6-12　1982—2015 年黑龙江省对全国各省级行政单元的迁出偏好指数变化情况

② 从时空演变来看,除海南省外,黑龙江省对其他各省级行政单元的人口迁出偏好指数变化趋势并不明显。事实上海南省是随时间推进迁出偏好指数上升幅度最大的省级行政单元,6 个时段其指数值分别为 0、0.13、0.53、1.09、1.40、2.56。海南省也是唯一一个未遵循"指数随距离衰减"的省级行政单元。气候因素是黑龙江省人口迁往海南省的重要原因之一,这个问题将在后面的第 7 章展开分析。

③ 黑龙江省"迁出偏好指数"与"迁出人口规模"的空间分布产生分

异。在东北地区、环渤海地区,各时段"人口偏好指数"与"迁移人口规模"均呈现高值;在除此之外的迁出偏好指数次高值区间,黑龙江省对各省级行政单元的人口迁出偏好并未像人口迁移规模一样呈现出向东部沿海省份和四川省分布的趋势,如在2005—2015年这个时段,黑龙江省对各省级行政单元的人口迁出偏好地逐步向河南、湖北、湖南等华中地区和陕西省转移,而黑龙江省迁出人口规模较大的区域,如江苏、浙江、福建等省份,人口迁出偏好指数均低于0.5。

6.4 分析与小结

通过引入"人口引力指数"和"迁出偏好指数"两个概念对东北三省迁入人口的相对偏好和迁出人口的相对偏好进行分析,归纳结论如下:

(1) 随着时间推移,东北三省对全国的"人口引力指数"整体上升,具有迁入东北三省相对偏好的省份没有减少,反而增加。1985—1990年,辽、吉、黑三省"人口引力指数">1的省级行政单元数量分别为2个、0个、2个;2010—2015年,辽、吉、黑三省"人口引力指数">1的省级行政单元数量均达到10个。同时,"人口引力指数"最大值有上升趋势,这表明"一些地区越来越不同于其他地区而更加偏爱迁往东北三省"。2010—2015年,这些地区是华北地区的山东、河北、陕西、天津、北京,西部和北部地区的新疆、西藏、甘肃、内蒙古,以及东北三省内部省份。

(2) 辽宁省"人口引力指数"扩散的基本方向是东北→东北、山东→东北、华北→东北、华北、西北,吉林省"人口引力指数"扩散的基本方向是东北→山东→华北→西北,与辽宁省大体一致,但黑龙江省"人口引力指数"扩散的基本方向是东北、山东→东北、华北→东北、华北、福建→东北、华北、西北、四川。从"人口引力指数"扩散方向来看,秦岭—淮河线仍为重要的分界线,北部人口相对更喜欢到东北三省,西北部地区比中部地区到东北地区的距离更远,但其"人口引力指数"总体上要高于中部地区。

(3) 随着时间推移,东北三省面向全国的"迁出偏好指数"呈现出不同的演变。辽宁省的"迁出偏好指数"整体呈下降趋势,指数>1的数量由1985—1990年的14个变为2010—2015年的9个,迁出人口偏好"越来越接近全国迁移人口",而吉林省、黑龙江省的"迁出偏好指数"整体则呈上升趋势,迁出的人口偏好"越来越不同于全国的迁移人口"。

(4) "迁出偏好指数"比"人口引力指数"更能体现距离衰减规律。尽管辽宁省的"迁出偏好指数"变化与吉林省、黑龙江省呈现的空间演变不同,但是却与吉林、黑龙江两省空间的"迁出偏好指数"空间格局逐渐趋同。2005—2015年,辽宁、吉林、黑龙江三省的人口迁出偏好地锁定在环渤海和内蒙古。

(5) 东北三省人口迁入、迁出的相对偏好与绝对规模总体协调，局部分异明显。总体协调表现在：东北三省对相邻或邻近省份、环渤海区域的人口引力普遍大于对国内其他区域，迁出人口也偏好于迁往相邻或邻近省份、环渤海区域，即东北三省人口迁移的相对偏好遵循距离衰减规律。局部分异表现在：新疆、甘肃等省区迁往东北三省的绝对规模不大，但"人口引力指数"却相对于其他省级行政单元更高。东北三省迁往东部发达省份如广东、浙江、福建、江苏等的人口规模占比较大，但由于迁往这些省份的其他省份人口规模更大，导致东北三省对这些省份的偏好并不占有相对优势（表6-1、表6-2）。

表6-1 2010—2015年全国各省级行政单元跨省迁入、迁出东北三省的前五位（值降序）

分类		辽宁省	吉林省	黑龙江省
跨省迁入	绝对规模	黑龙江、吉林、内蒙古、山东、河北	黑龙江、辽宁、内蒙古、山东、河南	吉林、山东、辽宁、内蒙古、河南
	相对偏好（人口引力指数）	吉林、黑龙江、内蒙古、山东、新疆	辽宁、黑龙江、内蒙古、天津、北京	吉林、内蒙古、辽宁、天津、甘肃
跨省迁出	绝对规模	北京、天津、内蒙古、吉林、河北	辽宁、北京、天津、山东、黑龙江	北京、辽宁、山东、天津、河北
	相对偏好（迁出偏好指数）	北京、天津、河北、山西、内蒙古	辽宁、黑龙江、内蒙古、山东、河北	辽宁、吉林、山东、河北、内蒙古

表6-2 2010—2015年全国各省级行政单元跨省迁入、迁出东北三省的后五位（值升序）

分类		辽宁省	吉林省	黑龙江省
跨省迁入	绝对规模	青海、西藏、宁夏、海南、上海	西藏、宁夏、青海、广西、重庆	西藏、宁夏、新疆、青海、海南
	相对不偏好（人口引力指数）	江西、湖北、广东、广西、上海	西藏、广西、湖南、江西、重庆	湖南、宁夏、西藏、江西、福建
跨省迁出	绝对规模	西藏、宁夏、青海、贵州、重庆	西藏、青海、宁夏、贵州、重庆	西藏、宁夏、青海、贵州、甘肃
	相对不偏好（迁出偏好指数）	新疆、宁夏、青海、甘肃、陕西	贵州、西藏、福建、青海、广东	贵州、广东、浙江、安徽、宁夏

第 6 章参考文献

平新乔,2001. 微观经济学十八讲[M]. 北京：北京大学出版社.
魏后凯,2006. 现代区域经济学[M]. 北京：经济管理出版社.

第 6 章图表来源

图 6-1 源自：笔者绘制[底图源自自然资源部网站标准地图,审图号为 GS(2019)1823 号]。

图 6-2 源自：笔者绘制。

图 6-3 源自：笔者绘制[底图源自自然资源部网站标准地图,审图号为 GS(2019)1823 号]。

图 6-4 源自：笔者绘制。

图 6-5 源自：笔者绘制[底图源自自然资源部网站标准地图,审图号为 GS(2019)1823 号]。

图 6-6 源自：笔者绘制。

图 6-7 源自：笔者绘制[底图源自自然资源部网站标准地图,审图号为 GS(2019)1823 号]。

图 6-8 源自：笔者绘制。

图 6-9 源自：笔者绘制[底图源自自然资源部网站标准地图,审图号为 GS(2019)1823 号]。

图 6-10 源自：笔者绘制。

图 6-11 源自：笔者绘制[底图源自自然资源部网站标准地图,审图号为 GS(2019)1823 号]。

图 6-12 源自：笔者绘制。

表 6-1、表 6-2 源自：笔者绘制。

7 东北三省人口迁移的影响因素演变

7.1 理论基础与问题提出

劳瑞(Lowry,1966)在齐夫(Zipf,1946)"引力模型"的基础上,提出"新引力模型",认为人口迁移从农业劳动力较多、预期收入较低的地区流向农业劳动力较少、预期收入较高的地区。模型表达式为

$$M_{i \to j} = k \left[\frac{U_i}{U_j} \cdot \frac{W_j}{W_i} \cdot \frac{L_i L_j}{D_{ij}} \right] \tag{7-1}$$

其中,$M_{i \to j}$ 表示从 i 地区到 j 地区的迁移人口数量;k 表示引力系数;U_i、U_j 分别表示 i、j 两地的失业率;W_i、W_j 分别表示 i、j 两地的制造业工资;L_i、L_j 分别表示 i、j 两地的农业劳动力人数;D_{ij} 表示 i、j 两地的地理距离。

在"新引力模型"提出之后,学者们针对宏观经济指标对人口迁移的影响展开广泛探索。在我国人口迁移(或流动)研究领域,人口因何而迁、因何而动始终是学者们最关心的核心问题之一。1990 年以来,随着数理分析和模糊数学在地理学中的广泛应用,我国学者尝试利用回归和相关等数学分析方法对"新引力模型"进行修正,利用网络分析等模型对造成人口迁移的诸多影响因素进行量化分析,但理论基础均建立在"新引力模型"之上(表 7-1)。

表 7-1 1990 年以来我国部分学者分析人口迁移的模型和方法

学者	时间	指标体系、模型、数据来源	主要结论
王桂新	1993 年	① 指标体系:人口迁移量、空间距离 ② 模型方法:距离模型,表达式为 $$M_{ij} = K \frac{1}{D_{ij}^b}$$ 其中,M_{ij} 表示 i 和 j 两省之间的人口迁移量;D_{ij} 表示 i 和 j 两省之间的距离;K 和 b 是参数 ③ 数据来源:第四次全国人口普查的 10% 迁移数据	距离对人口迁入量影响的省际差异比距离对人口迁出量影响的省际差异更加明显

续表 7-1

学者	时间	指标体系、模型、数据来源	主要结论
马伟、王亚华、刘生龙	2012 年	① 指标体系：以收入差距、火车交通时间、相邻条件、边界条件为主要控制变量，以人均国内生产总值、人口规模、教育等为经典控制变量，比较铁路交通距离对人口迁移的影响 ② 模型方法：引力模型，表达式为 $$M_{ij} = K \frac{P_i P_j}{D_{ij}}$$ 其中，M_{ij} 表示 i 地到 j 地的人口迁移量；P_i 和 P_j 分别表示 i 地和 j 地的人口数；D_{ij} 表示 i 和 j 两地之间的距离；K 表示参数 ③ 数据来源：1987 年、1995 年、2005 年全国 1% 人口抽样调查	交通基础设施改善能够显著地促进人口或劳动力要素的自由流动和最优配置
周皓	2001 年	① 指标体系：家庭户因素，包括家庭户所在区域以及家庭户中的成年人数、儿童人数、兄弟姐妹的人数、是否与父母亲同住；个人因素，包括性别、婚姻状况、受教育年限 ② 模型方法：逻辑斯蒂（Logistic）增长模型，表达式为 $$\ln\left[\frac{p}{1-p}\right] = b_0 + \sum b_i x_i$$ 其中，p 表示成为迁出人口的概率；x_i 表示家庭户及个体的各种特征；b_0 和 b_i 表示各自变量的回归系数 ③ 数据来源：国家计划生育委员会 1992 年 38 万人抽样调查主要数据	影响人口迁移的指标排序是受教育程度、家庭户中的成年人口数、家庭户的地域类型、家庭户中的兄弟姐妹人数
王桂新、刘建波	2007 年	① 指标体系：前劳动力成分、劳动力成分、不受年龄影响的常数成分 ② 模型方法：年龄—迁移率理论模型，表达式为 $$M(x) = a_0 + a_1 \exp(-\alpha_1 x) + a_2 \exp\{-\alpha_2(x-\gamma_2) - \exp[-\beta_2(x-\gamma_2)]\}$$ 其中，$M(x)$ 表示 x 岁人口的迁移概率；x 表示年龄；a_1 和 a_2 分别表示前劳动力成分、劳动力成分的迁移水平；α_1 和 α_2 分别表示两劳动力成分迁移率曲线的下降斜率；γ_2 表示劳动力成分在水平方向上的位置（即最大迁移高峰和离退休迁移高峰的年龄）；β_2 表示劳动力成分曲线的上升斜率；a_0 为常数 ③ 数据来源：第五次全国人口普查 1% 抽样数据和第四次全国人口普查 1% 抽样数据	在户籍制度影响下，省际人口迁移主要表现为年轻劳动者外出打工，年龄分布更高度集中于 20—30 岁

续表 7-1

学者	时间	指标体系、模型、数据来源	主要结论
刘昌平、邓大松、殷宝明	2008年	① 指标体系:城、镇、乡分年龄性别人口数 ② 模型方法:人口差分方程增长模型,表达式为 $$\vec{n}^s(t)^j = \prod_{t=0}^{t} L^s(t)^j \vec{n}^s(0)^j$$ 其中,t 表示年份,$t=1,2,3,\cdots$ 分别表示 2001 年,2002 年,2003 年,$\cdots$;j 表示不同子系统,$j=1,2,3$,分别表示城市、镇、乡村;s 表示个体的性别,$s=0$ 表示女性,$s=1$ 表示男性 $\vec{n}^s(t)^j$ 表示系统 j 中性别为 s 的人口在 t 年的总人数。当矩阵 $L^s(t)^j$、按年龄组初始分布向量 $\vec{n}^s(0)^j$ 以及婴儿存活率已知时,可以预测 t 时段 j 系统性别为 s 的按年龄组的人口分布。 ③ 数据来源:第五次全国人口普查数据	若没有城乡人口迁移,农村与城镇人口老龄化程度相差甚远;在真实情况下,城镇人口老龄化进程减缓,农村人口老龄化进程加快
胡科林、郑新奇	2015年	① 指标体系:社会指标,包括人口数、人口密度、失业率、客运总量、货运总量、普通高等学校在校学生数;经济指标,包括第二产业占从业人员比重、第三产业占从业人员比重、人均国内生产总值(GDP)、职工平均工资、社会消费品零售总额;环境指标,包括人均绿地面积、人均供水量、人均城市建设用地面积 ② 模型方法:经济引力模型,表达式为 $$M_{ij} = \frac{P_i P_j}{D_{ij}} \prod_{k=1}^{n} \left(\frac{Ki_k}{Kj_k}\right)^{Q_k}$$ 其中,M_{ij} 表示 i 地对 j 地的迁移吸引力值;P_i 和 P_j 分别表示 i 地和 j 地的人口密度;Ki_k 和 Kj_k 分别表示 i 地和 j 地的第 k 个指标;Q_k 表示第 k 个指标的权重值;D_{ij} 表示 i 地和 j 地间的距离 ③ 数据来源:2005 年至 2009 年社会经济发展数据	我国各省份之间的人口迁移吸引力分布不均、差异极大
杨倩	2015年	① 指标体系:区域创新产出、人口迁移、人力资本存量、经费投入、地区经济发展水平、国际技术溢出、收入水平、就业水平 ② 模型方法:联立方程模型,表达式为 $$\ln p_{it} = \alpha_{1i} + \alpha_2 \ln mig_{it} + \alpha_3 \ln hum_{it} + \alpha_4 \ln expe_{it} + \alpha_5 \ln gdp_{it} + \alpha_6 \ln fi_{it} + \varepsilon_{it}$$ $$\ln mig_{it} = \beta_{1i} + \beta_2 \ln p_{it} + \beta_3 \ln wag_{it} + \beta_4 \ln unem_{it} + \mu_{it}$$ 其中,p 和 mig 分别表示区域创新和人口迁移变量;hum 表示人力资本存量;$expe$ 表示经费投入;gdp 表示地区经济发展水平;fi 表示国际技术溢出;wag 表示地区收入水平;$unem$ 表示地区就业水平;ε_{it} 和 μ_{it} 表示随机误差项;α 和 β 为检验系数;i 和 t 分别表示地区和年份 ③ 数据来源:全国人口普查数据(2000 年、2010 年全国人口普查)和全国 1‰ 人口抽样调查(1995 年、2005 年全国 1‰ 人口抽样调查)	人口迁移与区域创新存在双向因果关系,人口迁入通过产生人力资本积累和知识溢出效应对区域创新有显著的正效应,区域创新水平的提升反过来能产生"拉力"作用从而提高区域人口迁入率

改革开放以来,我国经济社会发展日新月异,区域差异随着不均衡发展战略的实施得到放大,省际人口迁移规模随之放大。在此过程中,影响人口迁移的因子也在发生变化,一方面新的影响因子出现,另一方面因子的影响权重也在随时间更新。前述我国学者对人口迁移影响因素的分析大多数利用短时间跨度、少量相关指标进行面板分析,缺少对改革开放以来人口迁移影响因素的演变研究。

既有成果表明,经济发展水平、人均收入、财政收入、受教育程度、交通设施完善程度等因子与人口迁移呈正相关,在"新引力模型"的基础上开展人口迁移研究已成为学界共识。笔者认为,居住在不同区域的人口并非理性人,对迁移的选择、迁移地的选择既有区别于其他区域的根植性特点,又有随不同历史时段变化的特点。对此通过建立模型和量化分析,从两个方面重新认识东北三省人口迁移的机制:一是从可能影响人口迁移的众多指标中,经量化找出相比较而言对东北三省人口迁移影响大的因子,这对科学认识东北三省对外人口迁移的分配格局有重要意义;二是找出这些因子随时间推进而发生的变化和它们之间的内部关系。

7.2 模型择取与指标体系建立

7.2.1 基于"新引力模型"的区域综合差异指标体系

不论是推—拉模型、预期收益模型、中心—外围模型,还是国内学者们对于省际人口迁移的研究,归根到底,"不同地区的差异"触发了人口迁移行为,并影响了人口迁移的方向和数量。若差异不是简单的几个数字,而是由综合指标体系组成的集合,则表达式为

$$M_{i \to j, t} = f(A_t) \tag{7-2}$$

其中,$M_{i \to j, t}$ 表示 t 时段从 i 地迁往 j 地的人口数量;A_t 表示 t 时段由各种影响因素组成的区域综合差异指标体系。

在既有文献对人口迁移影响因素分析的基础上,设定每个时间截面的区域综合差异指标体系,该体系包含省际经济规模差异、省际预期收入差距、省际人口规模差异、省际城市基本公共服务差异、区域气候差异、距离差异,观察各时段人口迁移的影响因素。

(1) 对省际发展水平与规模差异的考虑[①]

普遍认为,经济发展差异是影响人口迁移的重要因素之一。克鲁格曼的新经济地理学认为,集聚经济既是促使人口向城市集聚的主要因素之一,也是区域发展的主要动力源泉(张文忠,2003)。选取"地区生产总值""全社会固定资产投资额""地方财政收入""实际利用外资额""旅游外汇收

入""年末总人口"五项指标来解释经济发展差异。其中,"地区生产总值"代表各地经济产出能力;"全社会固定资产投资额"代表生产资料投放的地区布局;"地方财政收入"是地方政府高效经营城市的能力体现,也有一些文献认为地方财政收入可以代表基本服务水平(常世旺等,2015);"实际利用外资额"代表经济开放水平;旅游产业是地方产业的重要组成部分,也常常是地方形象、经济活力的主要替代指标,因此笔者将"旅游外汇收入"纳入指标体系内。齐夫(Zipf,1946)的"引力模型"认为,人口迁移总量与迁入地和迁出地两地的规模成正比,这里采用"年末总人口数量"来解释人口规模。

(2) 对省际劳动力就业结构差异的考虑

不论是跨区域还是区域内部,城镇化是人口迁移的主要动力之一。劳动力迁移是人口迁移的重要组成部分,产业结构是人口地理学者考量人口迁移流动的重要因素之一(Nefedova,2015)。这里选取了两个指标因子来解释劳动力就业结构差异,分别是"第二产业占从业人口比重""第三产业占从业人口比重"。

(3) 对省际劳动者预期收入差异的考虑

自新古典主义经济理论开始,预期收益就被认为是人口迁移的重要影响因素(Todaro,1969)。考虑到城乡发展差异,选取"城镇居民可支配收入""农村人均纯收入"两个因子来解释省际预期收入差异。

同时,考虑到劳动力就业难度差异,将"失业率"列为省际预期收入差异指标的第三个因子。在计算中,失业率与区域人口吸引呈负相关。

(4) 对省际城市基本公共服务差异的考虑

2016 年 10 月,在厄瓜多尔基多召开的联合国住房和城市可持续发展大会上,世界领导人正式通过了《新城市议程》,首次增加对"住房、安全饮用水、公共卫生、食物、医疗、计划生育、教育、文化及通信技术"等基本生活服务的重视(陈小坚,2017)。张启春等(2008)认为提高地区间的基本公共服务水平可以改善对其他地区的人口吸引力,城市服务的差异可能影响迁移人口"用脚投票"。选取七个因子作为三级指标,分别代表基本公共服务的七个方面。其中,"市辖区人均道路面积"代表城建服务水平;"市辖区每万人拥有公交车数量"代表交通服务水平;"万人均邮局数"代表通信服务水平;"万人均中小学专任教师数"代表教育服务水平;"万人均卫生院床位数"代表医疗服务水平;"万人均排水管道长度"代表市政服务水平;"建成区绿化覆盖率"代表环境服务水平[②]。

(5) 对省际创新能力差异的考虑

约瑟夫·熊彼特的增长理论认为内生的研发和创新是推动技术进步和经济增长的决定性因素(严成樑等,2009)。在我国,当前技术创新已被公认为区域发展的主要动力之一(杨倩,2015)。笔者选取"专利受理数量"

指标作为省际创新能力差异的因子③。

(6) 对省际气候舒适度差异的考虑

在第 5 章、第 6 章中,数据证实海南省对东北三省迁移人口的吸引不断增加,因此考虑加入区域气候差异因素,分析其对人口迁移的影响。引入"气温舒适指数""湿度舒适指数"两个因子来解释区域气候差异。其中,气温舒适指数为某省级行政单元气温与人体最舒适气温之差的绝对值,其表达式为气温舒适指数＝|某省级行政单元 1 月份平均气温－(17＋22)/2|＋|某省级行政单元 7 月份平均气温－(19＋24)/2|。

这里人体最舒适气温的取值来自《环境科学大辞典》(1991 年):人体在夏季最舒适的环境温度为 19—24 ℃,在冬季最舒适的环境温度为 17—22 ℃,因此将(17＋22)/2 和(19＋24)/2 作为冬季和夏季的人体最舒适温度比较基值。

湿度舒适指数为某省级行政单元湿度与人体最舒适湿度之差的绝对值,其表达式为湿度舒适指数＝|某省级行政单元 1 月份平均湿度－55|＋|某省级行政单元 7 月份平均湿度－55|。

一般来说,人体最舒适的相对湿度为 40％－60％,湿度指数为 50—60(何飞,1992),这里取人体最舒适指数的平均值(50＋60)/2＝55 作为冬季和夏季的人体最舒适温度比较基值。

(7) 对省际出行距离差异的考虑

莱温斯坦(Ravenstein,1889)法则的第一条就是迁移人口与空间距离成反比关系;学者们早已通过引力模型证实,距离是影响人口迁移的重要因素之一。笔者采用各省政府之间的距离来衡量各省际行政单元间的空间距离④。

综上所述,建立由 7 个二级指标、22 个三级指标组成的区域综合差异指标体系 $A=\{X_i\}$(表 7-2)。

表 7-2　影响省际人口迁移的区域综合差异指标体系

目标层	二级指标	三级指标(X_i)	数据来源
影响人口迁移的省际发展差异的参考指标体系	省际发展水平与规模差异	地区生产总值/亿元	《中国城市统计年鉴》
		全社会固定资产投资额/亿元	《中国城市统计年鉴》
		地方财政收入/亿元	《中国城市统计年鉴》
		实际利用外资额/万美元	《中国城市统计年鉴》
		旅游外汇收入/(万美元・人$^{-1}$)	《中国城市统计年鉴》
		年末总人口/万人	历次人口调查数据

续表 7-2

目标层	二级指标	三级指标(X_i)	数据来源
影响人口迁移的省际发展差异的参考指标体系	省际劳动力就业结构差异	第二产业占从业人口比重/%	《中国统计年鉴》
		第三产业占从业人口比重/%	《中国统计年鉴》
	省际劳动者预期收入差异	城镇居民人均可支配收入/万元	《中国统计年鉴》
		农村人均纯收入/万元	《中国统计年鉴》
		失业率/%	《中国统计年鉴》
	省际城市基本公共服务差异	市辖区人均道路面积/m²	《中国城市统计年鉴》
		市辖区每万人拥有公交车数量/辆	《中国城市统计年鉴》
		万人均邮局数/个	《中国城市统计年鉴》
		万人均中小学专任教师数/人	《中国城市统计年鉴》
		万人均卫生院床位数/床	《中国城市统计年鉴》
		万人均排水管道长度/km	《中国城市统计年鉴》
		建成区绿化覆盖率/%	《中国城市统计年鉴》
	省际创新能力差异	专利受理数量/个	《中国统计年鉴》
	省际气候舒适差异	气温舒适指数	《中国城市统计年鉴》
		湿度舒适指数	《中国城市统计年鉴》
	省际出行距离差异	各省政府之间的距离/km	空间量取

注：表 7-2 中所涉及的"人均"指标，如果相应统计文献里有的就直接使用，没有的经换算得出；1985 年、1995 年的"城镇居民人均可支配收入"用"省会城市职工平均工资"代替；1985 年"市辖区人均道路面积"缺失数据用"人均铺装道路面积"代替；1985 年"万人均排水管道长度"用《中国统计年鉴》中"万人均拥有下水道长度"代替；1985 年"建成区绿化覆盖率"用"省会城市建成区绿化面积占土地面积比重"代替；1990 年"建成区绿化覆盖率"为"园林绿化面积"除以"建成区面积"。由于行政区变动、统计数据的缺失，对 1985—1990 年的海南省、重庆市，1995—2000 年的重庆市和所有时段的西藏自治区的指标进行剔除。

7.2.2 模型择取

1）灰色关联度分析法

灰色关联度分析法是研究事物或系统之间相互关系的一种定量的分析方法，主要基于空间理论的数学基础，遵循规范性、偶对称性、整体性和接近性原则，判断参考序列和若干比较序列之间的关联系数和关联度（周秀文,2007)。该方法由邓聚龙(1987)首次提出,方法的提出曾引发国际热议,迄今为止该方法在社会、自然、经济管理、农业、工业、生态等领域均有广泛应用(孙才志等,2000)。目前灰色关联度在文献中的应用方法主要有一般关联度、绝对关联度、斜率关联度、改进关联度、B 型关联度以及加权关联度等(张绍良等,1996)。在人口研究方面,灰色关联度分析法也得到了应用(刘瑞娟等,2012)。灰色关联度分析法的重点是对关联系数的分析。首先求出各个因素与最理想指标共同构成的关联系数;其次根据关联系数的大小得到关联度,然后将关联度大小进行排序,关联度越接近 1,则比较序列与参考序列之间的关联度越高,关联度越接近 0,则表示比较序列和参考序列之间的关联性越弱。灰色关联度分析法与一般的数学方法相比,更加突出结构模型关系的概念化、模型化,将定性的因素转为定量的相互关系,使因素之间的关系明确。由于模型属于非函数模型,该方法对于样本数据并无类型、数量以及分布的特殊要求,具有计算简便、原理简单易懂、结果清晰、排序明确的特点。

灰色关联度分析法作为实现灰色关联度分析的理论工具,用于度量不同因素或系统发展过程中相对变化的大小。若两因素之间的相对变化程度较小,变化趋势相对一致,则说明二者之间的关联程度较高;若两因素之间的相对变化程度较大,变化趋势存在差异,则说明二者之间的关联程度较低,相对影响作用较弱。

2) 基于面板数据的灰色关联度分析法

在假设影响因子已知但度量不明的条件下,利用灰色关联度分析法的模型框架,对不同年份的面板数据进行灰色关联分析,得到历次影响因子对人口迁移的相关度和排序,在此基础上观察影响因子的影响力的变化。

其具体计算步骤如下:

(1) 数据无量纲化。

选取反应系统各行为特征的因素作为参考序列,并将其与影响系统行为因素形成的比较序列进行无量纲化处理,消除各系列之间因指标、数据不同所造成的误差,方便不同量纲、数量级之间的比较,又称标准化。标准化有多种方法,笔者采取的方法为

$$X = \frac{y - \min Y}{\max Y - \min Y} \tag{7-3}$$

其中,X 为标准化后样本集合;Y 为标准化前样本集合;y 为样本。

(2) 计算关联度系数。

$$\min_i [\Delta_i(\min)] = \min_i [\min | X_0(k) - X_i(k) |] \tag{7-4}$$

$$\max_i [\Delta_i(\max)] = \max_i [\max | X_0(k) - X_i(k) |] \tag{7-5}$$

$$\xi_i(k) = \frac{\min\limits_{i}[\Delta_i(\min)] + \delta \max\limits_{i}[\Delta_i(\max)]}{|X_0(k) - X_i(k)| + \delta \max\limits_{i}[\Delta_i(\max)]} \quad (7-6)$$

其中，X_0 为比较指标，在本章中代表东北三省的人口迁入数量、迁出数量。X_i 为参考指标，在本章中代表经初步处理后的全国省级行政单元的各项差异指标。$\max\limits_{i}[\Delta_i(\min)]$ 代表两级最小极差。$\max\limits_{i}[\Delta_i(\max)]$ 代表两级最大极差。k 为省级行政单元个数（$k=1,2,3,\cdots,30$）。i 为各因素指标个数（$i=1,2,3,\cdots,22$）。δ 为分辨系数，一般在 0 到 1 之间。当 $\delta=0.5463$ 时，分辨效果最佳（邓聚龙，1987）。对于分辨系数的取值，数学界学者有不同的见解（吕锋，1997；申卯兴等，2003）。笔者认为，由于参考指标 X_i 为省级行政单元的经济社会发展数据，数据量较大且接近于正态分布，因此取 $\delta=0.5463$ 可以达到较好的分析效果。ξ_i 为 i 的关联系数。

（3）计算关联度。

$$r_i = \frac{1}{N}\sum_{k=1}^{N}\xi_i(k) \quad (7-7)$$

由于关联系数是曲线上各点即各个时刻的关联程度值，因此它的数量不唯一，为了进行整体性的分析，将各个时刻值集中为单一的值，求其平均数，从而作为比较数列（X_0）与参考数列（X_i）之间关联度比较的依据。

在式（7-7）中，N 为省级行政单元个数 30；r_i 为关联度，表示各因素之间变化趋势的一致性，$0 < r_i \leqslant 1$，r_i 值越接近 1，则说明参考指标和比较指标之间的关联度越大。

（4）针对不同年份的面板数据，重复上面的计算步骤，最终得到历次影响人口迁移的因子排序集。

7.2.3 模型假设：三个假设

（1）假设一：X_0 与 X_i 之间存在正或者负的相关关系。

灰色关联度分析法有一个缺陷，即该方法不能够区分影响因子与被评价因子之间的关系是正相关还是负相关。因此，在开始对影响因子进行灰色关联分析之前，首先需要界定其对人口迁移行为的影响是正向的还是负向的。比如，一般认为经济发展水平越高的区域对人口的吸引力越大，那么在模型中则假设该区域的 GDP 与东北三省迁出到该区域的人口规模呈正相关关系，与该区域迁入东北三省的人口规模呈负相关关系；一般认为距离越远的区域对人口的吸引力越小，那么在模型中则假设"各省政府之间的距离"与该区域迁入东北三省的人口规模、东北三省迁出到该区域的人口规模均呈负相关关系，具体见表 7-3。

表 7-3　比较指标与参考指标的相关关系

参考指标(X_i)	比较指标(X_0)	
	人口迁出规模	人口迁入规模
地区生产总值/亿元	正相关	负相关
全社会固定资产投资额/亿元	正相关	负相关
地方财政收入/亿元	正相关	负相关
实际利用外资额/万美元	正相关	负相关
旅游外汇收入/(万美元·人$^{-1}$)	正相关	负相关
年末总人口/万人	正相关	负相关
第二产业占从业人口比重/%	正相关	负相关
第三产业占从业人口比重/%	正相关	负相关
城镇居民人均可支配收入/万元	正相关	负相关
农村人均纯收入/万元	正相关	负相关
失业率/%	负相关	正相关
市辖区人均道路面积/m²	正相关	负相关
市辖区每万人拥有公交车数量/辆	正相关	负相关
万人均邮局数/个	正相关	负相关
万人均中小学专任教师数/人	正相关	负相关
万人均卫生院床位数/床	正相关	负相关
万人均排水管道长度/km	正相关	负相关
建成区绿化覆盖率/%	正相关	负相关
专利受理数量/个	正相关	负相关
气温舒适指数	负相关	正相关
湿度舒适指数	负相关	正相关
各省政府之间的距离/km	负相关	负相关

(2) 假设二：某一年份 X_i 数据对此后五年时间内人口迁移行为产生影响。

从某种程度上来说，经济社会发展和人口迁移之间存在相互影响，构成循环。由于本章对 X_0 的数据定义为"1985—1990 年""1995—2000 年""2000—2005 年""2005—2010 年""2010—2015 年"的人口迁入、迁出数据，因此取每时段的首年数据作为 X_i，如利用 1985 年 X_i 数据对"1985—

1990年"X_0进行灰色关联度分析,存在假设"某一年份X_i数据对此后五年时间内人口迁移行为产生影响"。X_0与X_i之间的数据对应关系如表7-4所示。

表7-4 比较指标与参考指标的数据对应关系

时段	比较指标(X_0)	参考指标(X_i)
第Ⅰ时段:1985—1990年	1985—1990年人口迁移指标	1985年经济社会统计指标
第Ⅱ时段:1995—2000年	1995—2000年人口迁移指标	1995年经济社会统计指标
第Ⅲ时段:2000—2005年	2000—2005年人口迁移指标	2000年经济社会统计指标
第Ⅳ时段:2005—2010年	2005—2010年人口迁移指标	2005年经济社会统计指标
第Ⅴ时段:2010—2015年	2010—2015年人口迁移指标	2010年经济社会统计指标

(3) 假设三:即便是迁移回流人口,在选择回流时也倾向于做出理性判断。

莱温斯坦认为,人口迁移的迁入地、迁出地互为迁出地、迁入地,人口存在大量迁移回流现象。本章在单独讨论迁入、迁出人口时,假设迁移回流人口在回流时也做出对经济社会发展的理性反应,倾向于改善个人在某一方面的状况和福利。

7.3 东北三省人口迁移机制

7.3.1 影响东北三省人口迁入的影响因素演变

令X_0分别等于辽宁省迁入人口规模、吉林省迁入人口规模、黑龙江省迁入人口规模,分别计算上述五个时段X_i的灰色关联度(图7-1至图7-3)。

经综合分析,得出以下结论:

影响东北三省人口迁入因素的平均灰色排名既有相同也有区别,总体上呈规律分布。二级指标的排名均为省际出行距离差异、省际发展水平与规模差异、省际创新能力差异、省际城市基本公共服务差异、省际劳动力就业结构差异、省际气候舒适差异和省际劳动者预期收入差异。详细来说,呈现的共性特征表现在以下方面:

① 距离因素始终是影响东北三省人口迁入最为重要的因素。

② 实际利用外资额、旅游外汇收入、地方财政收入、地区生产总值、全社会固定资产投资额等省际发展水平与规模差异直接影响东北三省迁入人口在全国的规模分布。同时,实际利用外资额、旅游外汇收入、地方财政收入的影响大于地区生产总值和全社会固定资产投资额,表明区域开放程度、旅游产业发展程度、政府运行管理能力对人口吸引的影响更大。

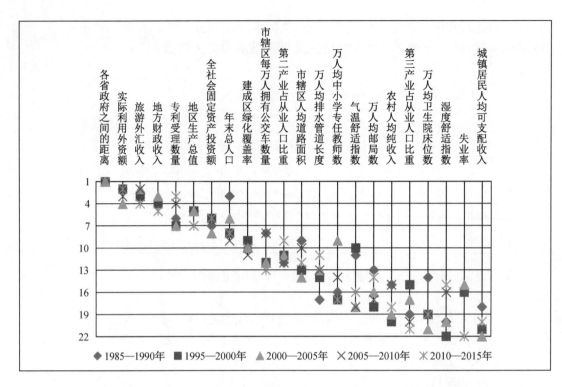

图 7-1 1985—2015 年影响辽宁省人口迁入因素的灰色排名演变

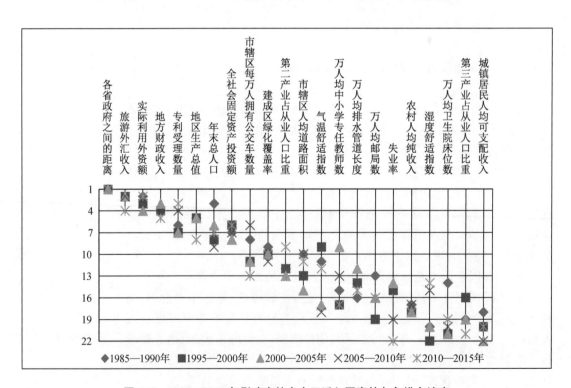

图 7-2 1985—2015 年影响吉林省人口迁入因素的灰色排名演变

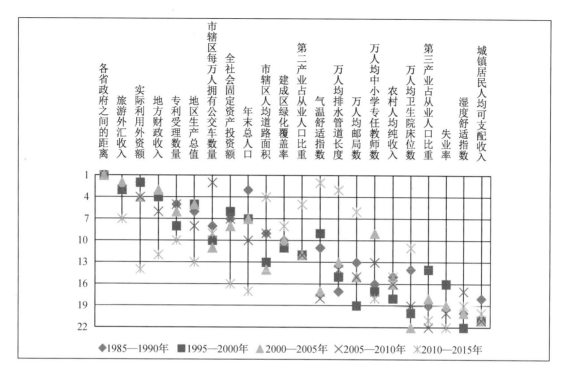

图 7-3　1985—2015 年影响黑龙江省人口迁入因素的灰色排名演变

③ 专利受理数量的灰色排序在辽宁、吉林、黑龙江的均值均位于第 5 位，表明创新在东北三省对吸引人口集聚方面具有重要作用。随时间变化，专利受理数量对三个省份人口迁入的影响排名逐步提高。

④ 在城市基本公共服务差异中，东北三省人口迁移的关联度基本遵循建成区绿化覆盖率和市辖区百万人拥有公交车数量＞市辖区人均道路面积和万人均排水管道长度＞万人均邮局数＞万人均中小学专任教师数＞万人均卫生院床位数，表明在东北三省人口迁入方面，交通和市政等城建方面的影响因素大于其他方面。随时间变化，上述因子对人口迁入的影响各有上升、下降，但未超越经济发展水平对人口迁入的影响。

⑤ 劳动力在第二产业就业比重与劳动力在第三产业就业比重相比，前者始终比后者对人口迁入的影响更大，表明迁移劳动力更倾向于到东北三省从事工业生产而非提供服务。

⑥ 气温舒适指数对东北三省人口迁入的影响大于湿度舒适指数的影响。

⑦ 迁往东北三省的人口对预期收入和失业率考虑不多。

与此同时，影响东北三省人口迁入因素的灰色排名随时间发生变化与调整。辽宁省、吉林省的变化相对近似，而影响黑龙江省人口迁入的因素正在发生重大转向，具体表现在以下方面：

① 辽宁、吉林在实际利用外资额、专利受理数量、全社会固定资产投资额、第二产业占从业人口比重、市辖区人均道路面积的灰色排名均呈上升趋势,表明开放程度、创新程度、工业化程度、城市建设等因素在人口吸引方面逐步发挥更大作用;而地方财政收入、年末总人口、市辖区每万人拥有公交车数量的排名则逐步下降。

② 1985—2010 年,黑龙江省与辽宁、吉林两省的影响因子排名尚没有出现大的分歧。2010—2015 年,实际利用外资额、地方财政收入、地区生产总值、全社会固定资产投资额对人口迁入的关联排名明显下降,而气温舒适指数、城市基本公共服务差异等则加速上升,成为超越经济发展水平的主要影响因子。

7.3.2 影响东北三省人口迁出的影响因素演变

令 X_0 分别等于辽宁省迁出人口规模、吉林省迁出人口规模、黑龙江省迁出人口规模,分别计算上述五个时段 X_i 的灰色关联度(图 7-4 至图 7-6)。

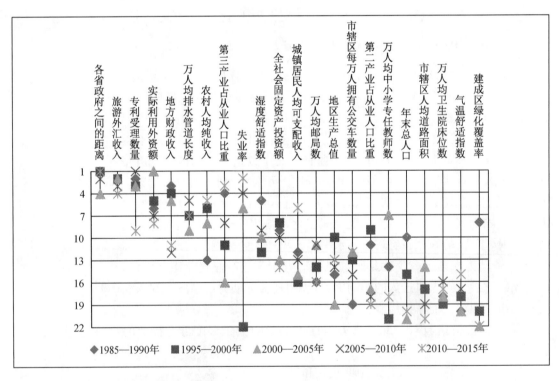

图 7-4　1985—2015 年影响辽宁省人口迁出因素的灰色排名演变

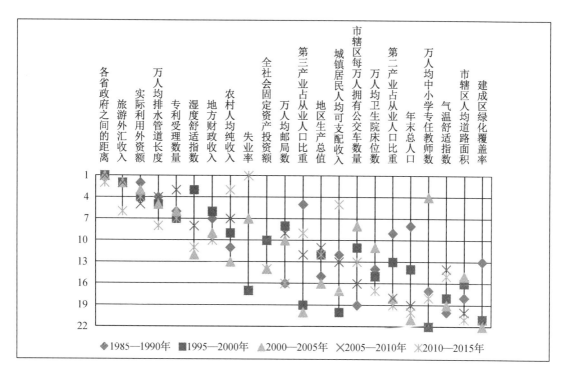

图 7-5　1985—2015 年影响吉林省人口迁出因素的灰色排名演变

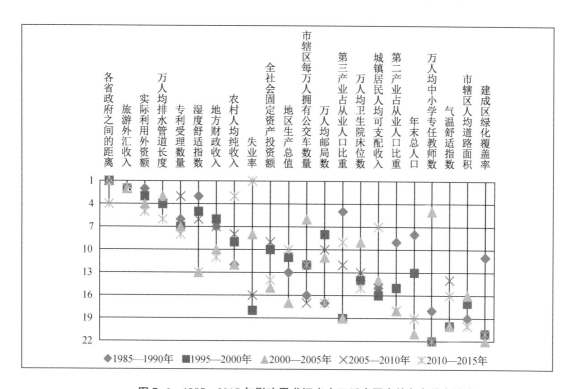

图 7-6　1985—2015 年影响黑龙江省人口迁出因素的灰色排名演变

7　东北三省人口迁移的影响因素演变 | 121

与人口迁入相比较而言,东北三省迁出人口的灰色排名总体变化幅度较大,排名均值按三级指标排列呈规律分布,但二级指标的规律性不明显。总体上省际出行距离差异、省际发展水平与规模差异、省际创新能力差异、省际劳动者预期收入差异对迁出人口的灰色排名靠前,而省际城市基本公共服务差异、省际气候舒适度差异、省际劳动力就业结构差异的各项三级指标排序相互交叉,分辨性不强。

影响东北三省人口迁出因素的演变特征有以下方面:

(1) 距离因素仍是影响东北三省人口迁出最为重要的因素,但随时间变化,吉林省、黑龙江省的长距离迁移逐步增加,距离对于人口迁出的影响逐步减弱。2000—2015年,距离对于吉林省、黑龙江省人口迁出的灰色关联排名分别降至第2位和第4位,影响排序首位位置被失业率取代。

(2) 旅游外汇收入、实际利用外资额、地方财政收入是影响东北三省人口迁出的主要经济因素,而全社会固定资产投资额、地区生产总值的排名相对靠后,表明旅游产业发展程度、区域开放程度、政府运行管理能力对人口吸引高于其他经济要素,这一点与人口迁入影响因子有相似之处。

(3) 专利受理数量对东北人口迁出的影响与对迁入的影响相似。相比较而言,辽宁省比吉林、黑龙江两省更关注迁入地的技术创新能力。

(4) 东北三省迁出人口逐步重视劳动者预期收入。1985—1990年,农村人均纯收入、城镇居民人均可支配收入、失业率的灰色排序均位于10位以后,而2010—2015年,上述三个指标的排序均位于前10名,在22个指标排序中上升最快。2010—2015年,同时段失业率在三个省份的灰色排序均位于前2名,说明找工作的难易程度逐步成为人口迁出者考虑的最主要因素;农村人均纯收入在三个省份的灰色排序不断上升,并在2010—2015年均位于前3名,表明广大县域经济发展水平和农村人口收入对东北三省人口的吸引力不断加强。

(5) 省际城市基本公共服务差异指标对东北三省迁出人口的影响并不显著。除万人均排水管道长度指标位于前10名外,其他指标与人口迁出未构成显著关联。1985—1990年,万人均中小学专任教师数和公交服务等的关联度尚排位靠前,但2010—2015年几乎所有的城市基本公共服务指标对迁出人口的影响均远不如经济发展、预期收入等指标显著。

(6) 劳动力在第三产业的就业比重与劳动力在第二产业的就业比重相比,前者始终比后者对人口迁出的影响更大,表明东北三省迁出劳动力更倾向于从事服务业工作而不是制造业,随着时间变化此倾向在三个省份均进一步加大。2010—2015年,在辽宁,劳动力在第三产业的就业比重对人口迁出者影响因子的灰色排序上升到第3名,而第二产业下降到第19名,形成两个极端。

(7) 湿度舒适指数对东北三省人口迁出的影响大于气温舒适指数。

7.4 分析与小结

以"新引力模型"为基础理论依据,对影响人口迁移的因子进行归纳整理,在3个假设前提下,选取灰色关联度分析法对各影响因子进行排序,得到7个二级指标、22个三级指标在1985—2015年中5个时间段的演变结果。

对比东北三省人口迁入、迁出的影响因素,呈现以下规律和演变特征:

① 从影响因素的相似程度来看,影响辽宁省和吉林省的人口迁入因素的演变特征更为相似,而影响吉林省和黑龙江省的人口迁出因素的演变特征更为相似。

② 距离与东北三省人口迁入、迁出规模均成反比,表现出距离对东北三省人口的约束作用。但近年来随着我国不均衡发展格局的进一步演变,距离对东北三省人口迁移的约束作用呈下降趋势,主要表现为吉林、黑龙江的人口迁出灰色关联度排名的下降。

③ 一般地,旅游发展象征区域对有特定消费需求的人流的开放和吸引,而外资利用代表区域对资金流的集聚和吸引。对于东北三省人口迁移而言,尽管在个别时段旅游发展与外资利用两个因子随着时间推移影响力有所下降,但在绝大多数情况下,上述两个因子是影响东北三省人口迁移的众多因子中仅次于距离的重要因素。这也说明人口集聚同中国区域经济发展相同,遵循"先开放者先发展"的规律。

④ 创新能力对东北三省人口迁入的影响力在上升,对人口迁出的影响力却在下降。然而综合来看,不论是人口迁入还是迁出,创新能力对人口吸引尤为重要。这里可能的原因有两个:一是从产生效益来看,创新既是经济发展的重要驱动力,又是创造新的就业岗位的方式之一;二是从创新主体来看,创新是"人才的行为",能吸引来人才的区域本身就对人口有足够的吸引力。

⑤ 相比之下,东北三省迁出人口与劳动者预期收入的关联度越来越高,其中找工作的难易程度尤其重要;而迁入者似乎并不在乎预期收入情况,对失业率也并不在乎。从这一点判断,东北三省迁出者群体比迁入者群体可能包含更多的劳动者。迁入者中求学、随亲、回迁的比重可能更大。

⑥ 相比之下,迁入东北三省的人口更看重东北三省的工业发展水平,相反迁出东北三省的人口更看重的是第三产业的发达程度,这两种倾向性都越发严重。

⑦ 交通、市政基础设施对迁入、迁出人口都具有较高的关联度,关联度有进一步提高趋势。相比较而言,迁入东北三省的人口对城市绿化环境更加重视。

⑧气温因素对迁入黑龙江省造成阻碍,对辽宁、吉林两省的影响不大;舒适的湿度对东北三省人口迁出影响较大。

第 7 章注释

① "对省际发展水平与规模差异的考虑"采用区域发展规模指标而非人均指标,如指标采用 GDP 而非人均 GDP,主要考量规模经济和集聚程度对人口迁移的影响。对人均指标的考虑主要体现在"对省际劳动者预期收入差异的考虑"中,主要考量个体诉求对人口迁移行为的影响。

② 马慧强等(2011)曾建立更多的指标体系来衡量城市基本公共服务水平。考虑到数据的连续性和可获取性,采用上述 7 个指标代表省际城市基本公共服务差异。

③ 在历年的《中国城市统计年鉴》中,体现省际创新能力差异的指标有"专利申请数量""专利受理数量""万人高校数量"。统计发现,各省级行政单元的"专利申请数量"与"专利受理数量"有一定的相关性,但由于"专利申请数量"存在多次申报,相比之下"专利受理数量"比"专利申请数量"更能体现创新成果的唯一性。将"万人高校数量"作为指标进行灰色关联度运算,发现"万人高校数量"与省际人口迁入、迁出的灰色关联度不具规律性,原因可能是随着我国教育事业发展,高校合并频繁、现存高校规模不一,高校个数作为省际创新能力差异指标欠妥。最终确定将"专利受理数量"作为省际创新能力差异的唯一指标。

④ 根据马伟等(2012)的研究,利用省域人口重心之间的公路或铁路距离来衡量省际行政单元间的空间距离更为准确,但由于研究的时间跨度较长、交通条件变化大,在数据获取上存在难度,故采用各省政府之间的距离来衡量省际行政单元间的空间距离。

第 7 章参考文献

蔡昉,都阳,王美艳,2001. 人口转变新阶段与人力资本形成特点[J]. 中国人口科学(2):19-24.

常世旺,佟玉,2015. 从收入推动到基本公共服务吸引:论我国省际人口流动的主导动因[J]. 公共财政研究(3):45-52.

陈小坚,2017.《新城市议程》:通向未来可持续发展的城市化行动纲领:联合国住房与可持续城市发展大会(人居三)综述[J]. 现代城市研究,32(1):129-132.

邓聚龙,1987. 灰色系统基本方法[M]. 武汉:华中工学院出版社.

何飞,1992. 空气湿度对人体健康的影响[J]. 广西气象,13(1):64.

洪小良,2007. 城市农民工的家庭迁移行为及影响因素研究:以北京市为例[J]. 中国人口科学(6):42-50.

胡科林,郑新奇,2015. 中国省域人口迁移模型构建[J]. 测绘科学,40(6):61-66.

《环境科学大辞典》编辑委员会,1991. 环境科学大辞典[M]. 北京:中国环境科学出版社:610.

刘昌平,邓大松,殷宝明,2008. "乡—城"人口迁移对中国城乡人口老龄化及养老保障的影响分析[J]. 经济评论(6):31-38.

刘瑞娟,杨斌,2012. 基于灰色关联度分析法的中国人口数量影响因素分析[J]. 广东科技,21(21):199-200.

吕锋,1997. 灰色系统关联度之分辨系数的研究[J]. 系统工程理论与实践,17(6):49-54.

马慧强,韩增林,江海旭,2011. 我国基本公共服务空间差异格局与质量特征分析[J]. 经济地理,31(2):212-217.

马伟,王亚华,刘生龙,2012. 交通基础设施与中国人口迁移:基于引力模型分析[J]. 中国软科学(3):69-78.

申卯兴,薛西锋,张小水,2003. 灰色关联分析中分辨系数的选取[J]. 空军工程大学学报(自然科学版),4(1):68-70.

孙才志,宋彦涛,2000. 关于灰色关联度的理论探讨[J]. 世界地质,19(3):248-252,270.

王桂新,刘建波,2007. 长三角与珠三角地区省际人口迁移比较研究[J]. 中国人口科学(2):87-94.

王桂新,1993. 我国省际人口迁移与距离关系之探讨[J]. 人口与经济(2):3-8.

严成樑,龚六堂,2009. 熊彼特增长理论:一个文献综述[J]. 经济学,8(2):1163-1196.

杨倩,2015. 人口迁移与区域创新的互动关系研究:基于联立方程模型[J]. 西北人口,36(5):20-25.

张启春,汤学兵,2008. 人口迁移、就业机会与基本公共服务的实证研究:以湖北迁出人口为例[J]. 统计与决策(16):89-91.

张绍良,张国良,1996. 灰色关联度计算方法比较及其存在问题分析[J]. 系统工程,14(3):45-49.

张文忠,2003. 新经济地理学的研究视角探析[J]. 地理科学进展,22(1):94-102.

周秀文,2007. 灰色关联度的研究与应用[D]. 长春:吉林大学.

LOWRY I S,1966. Migration and metropolitan growth: two analytical models [M]. San Francisco: Chandler Publishing Company.

NEFEDOVA T G,2015. Migration mobility of population and otkhodnichestvo in modern Russia[J]. Regional Research of Russia,5(3):243-256.

RAVENSTEIN E G,1889. The laws of migration[J]. Journal of the Royal Statistical Society,52(2):241.

TODARO M P,1969. A model for labor migration and urban unemployment in less developed countries[J]. The American Economic Review,59(1):138-148.

ZIPF G K,1946. The $P_1 P_2$ D hypothesis: on the intercity movement of persons[J]. American Sociological Review,11(6):677.

第 7 章图表来源

图 7-1 至图 7-6 源自:笔者绘制。

表 7-1 至表 7-4 源自:笔者绘制。

8 主要结论与对策建议

8.1 主要结论

8.1.1 东北三省人口问题在于减量更在于失衡

东北三省迁移人口数量随我国迁移人口总规模的扩大而快速增加,然而人口总规模呈下降趋势。虽然中部和西部地区的安徽、江西、贵州、四川等地的人口迁出规模更大,但东北三省的人口迁移问题更引人注目,原因主要是:自改革开放以来,东北三省的年龄结构、性别结构、教育结构几乎都呈线性下降,少儿人口所占比重持续下降,下降速度远快于全国平均速度,潜在劳动力严重不足;从全国劳动力资源最充足的地区逐步成为全国老龄化水平上升最快的省份,早于全国平均水平10年进入老龄化社会;由男性劳动力外迁带来的人口性别比大幅失衡;城乡人口比增长缓慢,城镇化动力明显不足;受高等教育的人口以及研究生以上高学历人口在全国的排名迅速下降,东北三省的教育优势不复存在。东北人口问题在于人口数量的减少,但更在于结构性失衡。如果说东北三省历经老工业基地振兴后的二次衰退可以称之为"新东北现象",那么由人口迁移造成的结构性问题则在上一轮东北衰退期就已经存在,是"旧东北现象"的遗留产物。

8.1.2 东北三省人口问题与三省兴衰趋势高度拟合

东北三省的人口问题是演化而来,而非骤变而来。虽然东北三省人口正式出现负增长是从2012年开始的,但自改革开放以来,东北三省人口数量减少经历了30年以上的酝酿过程。在中华人民共和国成立后的"一五""二五"时期,东北三省因其自然资源优势、战略区位优势、工业基础设施优势备受中央青睐,中央将1/6的全国财力投入到东北三省的城镇化和工业化建设中,人口增长速度明显快于全国,即使是在全国最不景气的大饥荒时代,人口增长率也未低于1%;然而随着经济增长趋缓、支援三线建设,东北人口的增长率降低,人口增长率开始与全国增长率不相上下。20世纪80年代,在改革开放以后,东北经济发展出现颓势,人口迁出加剧,东北三省随之呈现出人口增长率低于全国平均人口增长率的特征。自20世纪90年代起,辽宁、吉林、黑龙江的工业经济陷入困境,大批国企受长时间计划经济体制下结构性问题和体制性矛盾影响面临停产和亏损,导致东北老工业基地出现经济负增长或者零增长,东北三省正是从1991年开始人口增长率进入低于1%的时代;此后东北三省人口增长率出现周期波动下跌。2003年,东北振兴战略带领东北经济振兴,人口增长率出现小幅增长的五年;2012年,随着"新东北现象"的初露端倪,人口增长率呈现负值,东北人口再未"振兴"。综合历史的发展来看,东北人口问题的发生路径与东北经济社会的兴衰息息相关,而东北三省的人口增长率相对于全国人口增长率的起伏变化见证了这一过程。人口迁移既是上述现象的原因,亦是结果。

8.1.3 东北三省人口迁入、迁出规模具有明显的地理指向

区域的首要特征是区内特质的相似性。在我国历版区域划分中,东北三省都是作为同一个区域存在,其迁移总量和方向基本呈现出同步化演变特征。一是从"量"上来看,东北三省与华北地区的互有迁移、往来最为密切,京津冀和环渤海区域一直是东北地区人口迁移总量最多的地区,西藏、青海、宁夏、贵州、重庆等地区成为东北三省人口迁移的"边缘"。二是从"向"上来看,东北三省对华北和东部沿海地区长期形成人口逆差,对中部、内蒙古和西部地区形成顺差。辽宁的持续顺差区是黑龙江、吉林和内蒙古,而黑龙江只有安徽一个持续顺差区,吉林则没有持续顺差区。北京是东北三省对外的最大逆差区,而天津是涨幅最快的逆差区。三是从集中度来看,全国迁入、迁出东北三省的人口呈现出空间分散化特征,其中迁入三个省份的分散化速度排序为黑龙江>吉林>辽宁,而迁出人口分布的分散程度高于迁入人口分布的分散程度。

然而三个省份仍存在内部差异。其中,单独从迁入来源地和迁出目的地的空间分布来看,人口迁入、迁出虽然都呈现出距离衰减特征,但三个省份衰减的程度不同;秦岭—淮河线对于辽宁、吉林、黑龙江三省的阻碍作用分别是:人口迁入时,辽宁>吉林>黑龙江,人口迁出时,吉林>黑龙江>辽宁,表现为黑龙江易吸引更远的人而辽宁人走得更远。除东北三省内部变化外,在迁入规模中,内蒙古及环渤海地区最多;在迁出规模中,去往北京、天津、山东三个省级行政单元的人口规模最大,而海南省作为目的地吸纳东北三省人口,数量上升最快。

8.1.4 东北三省人口迁入、迁出偏好演变趋势出现分异

随着时间推移,表征东北三省迁入与迁出偏好的"人口引力指数"与"迁出偏好指数"均在发生变化。洛伦兹曲线证明,不论迁入、迁出,全国各地与东北三省的迁移关系在空间上呈平均化分布趋势。

相比较而言,时间维度内"人口引力指数"的高低分布在全国呈空间扩散状演进趋势,但总体上看东西方向的扩散快于南北方向,一个结果就是西北地区逐渐成为东北地区人口迁入偏好地,这表示"北方人更喜欢迁往东北三省的趋势越来越明显"。在全国范围内,东北三省之间始终是彼此的人口迁入偏好地,并且辽宁、吉林、黑龙江三省之间的迁入偏好在 2000—2005 年达到顶峰。从全国空间变化来看,辽宁、吉林两省人口迁入偏好的变化较为相似,黑龙江省则呈现不同的变化。然而,随着时间推移,辽宁省"迁出偏好指数"整体下降,迁出人口偏好"越来越接近于全国的迁移人口",吉林、黑龙江两省则整体上升,迁出人口偏好"越来越不同于全国的迁移人口"。"人口引力指数"和"迁出偏好指数"揭示,迁入东北三省人口规模小的省份不一定不偏爱东北三省,比如新疆、甘肃;东北三省迁出规模大的省份,不一定是东北三省迁出人口偏爱的省份,比如广东、浙江、福建、江西、江苏。

8.1.5 东北三省人口迁移的影响因子正在逐步变化

用灰色关联度分析法对面板数据进行分析,经证实能有效观察东北三省人口迁入、迁出的影响因子及演变。总体而言,影响辽宁省和吉林省的人口迁入因素的演变特征更为相似,而影响吉林省和黑龙江省的人口迁出因素的演变特征更为相似。距离因子对人口迁移的重要性在下降,下降的幅度为辽宁<吉林<黑龙江,2005 年后,相比较而言黑龙江比吉林、吉林比辽宁更倾向于向远距离迁出;经济因素是影响人口迁入、迁出东北三省的重要原因,而经济因素中对外开放程度和旅游业发展水平对人口集聚具有重要作用;创新能力对东北三省人口迁入的影响力在上升,对人口迁出的影响力却在下降,但创新对人口吸引的作用影响排在前列;迁出人口越来越重视目的地的预期收入和服务业水平,这一点和迁入人口不同,后者越来越重视目的地的工业发展水平;交通、市政等城市硬件建设水平比教育、医疗等城市软环境水平更能影响人口迁移。

8.2 对策建议

自中共中央、国务院印发《关于实施东北地区等老工业基地振兴战略

的若干意见》以来,中共中央、国务院及相关部委不断制定新的振兴政策和实施意见,从战略方案到实施方案,从方向引导到计划落实,涉及内容层层深入、逐步细化,为东北老工业基地的振兴提供了有力的政策支撑。随着东北人口外迁问题趋于严峻,人口因素成为导致经济发展缓慢的主要原因之一。在此背景下,建议从人口吸引角度调整相关振兴发展战略,并加快付诸实施。

8.2.1 利用好地缘优势,创造面向东北亚的对外开放机遇期

东北三省应将对外开放作为人口振兴战略的重要举措,放眼长远、放眼大局,挖掘地处东北亚的中心地带所特有的地缘优势,利用开放创造机遇、吸引人口集聚。首先,加快推动高铁等特种车制造业、核电装备制造业、造船业等产业在东北亚国家的区域合作,扩大上述国际知名产业在新一轮国际分工中的增长优势,占领开放先机。其次,开放沿边、沿港产业空间,加快国际合作产业园区建设。汲取辽宁中德中巴、吉林中朝中俄、黑龙江中以等产业合作经验,积极吸引日本、韩国的纺织业、电子制造业等优势产业,在各自的双边合作框架下争取国际产业合作园区在东北三省落户,主动承接东部沿海地区的产业转移,打造"东北亚制造工厂";给予沿边地区企业政策支持及配套服务,提高报关、报检、核销效率以及金融服务水平,解决口岸管理问题,加快与周边国家的企业间合作,扩大对外开放政策试点,为外向型产业集群生长创造土壤。最后,发挥地缘优势,补齐东北三省服务业在对外开放中的短板。开放创意性服务业市场,有效利用国家级开发区搭建东北三省与周边国家的高校、研究所、科研院、国家实验室的创新合作平台,尝试多国合作的科技园区建设模式;开放生产性服务业市场,广泛吸引保险金融、文化咨询、教育培训等境外企业在大连、沈阳、长春、哈尔滨等区域中心城市入驻,加快服务业的国际接轨。

8.2.2 坚持"以人为本",中短期以劳动力吸引和落户为目的调整工业结构

东北老工业基地振兴战略实施以来,产业结构不断优化,但工业结构性问题背景下所造成的人口"推—拉"仍是迁移的主要原因之一。一方面,原材料工业、装备制造业、重化工业比重过大,市场开放程度过低,对民营企业和高端劳动力吸引不足;另一方面,轻工业、大规模消费品制造业等劳动密集型产业缺少发展空间,对半熟练劳动力、低技能劳动力形成迁出的推力。首先,东北三省应当放弃单纯依赖自身优势产业的发展思路,积极培育轻纺工业、生活消费品制造等易于中小企业衍生的、对人口吸引门槛

较低的产业类型,补齐劳动密集型产业的短板。其次,要坚持"传统优势产业＋战略性新兴产业"的双管齐下方式,紧紧抓住《中国制造 2025》和战略性新兴产业发展机遇期,加快推动高端装备制造业规模化、高端化、集约化和特色化生产,在高端数控机床、智能机器人、高端海洋工程装备等优势产业的基础上,着力延伸产业链条,加快生物医药、光电子、高性能纤维等战略性新兴产业发展,形成专业化水平高的特色产业集群,积极提升劳动者收入水平,吸引更多的就业人口在东北三省落户。

8.2.3 调整服务业结构,发挥旅游业对人口的汇集作用

旅游业是影响东北三省人口迁移的重要因子。东北三省应进一步挖掘自身潜力,从拉动人口消费、增加就业岗位、提升经济活力、加速文化共融的角度提高认识,推动全域旅游发展,提升自身形象与开放程度。首先,着力打造全域网络化、时空差异化的旅游产品。借鉴长三角地区旅游业发展的成功经验,在打造温泉度假旅游、冰雪旅游、消暑旅游、海岸旅游等大型景区式旅游的基础上,利用"规划统筹",有针对性地挖掘文化旅游、乡村旅游、边境旅游、自驾旅游等不同旅游特色节点,形成四季有差异、格局有统筹的一体化的旅游空间和多样化的旅游线路。其次,加强政府主导的旅游产业的品牌形象鼓励机制和服务水平监管机制。旅游对人口的吸引作用,不仅在于其经济产出,而且在于旅游者对区域评价口口相传而形成的口碑形象。建议建立以省为单位的旅游产业运行监管体系,对景区评级实行"能上能下"的动态评估机制;鼓励成立"城市旅游集团",借鉴四川成都文化旅游发展集团开发"宽窄巷子"的模式来提高"城市旅游基础设施"一体化建设水平,以特惠补贴的方式,一事一议招商引资,引入全球知名品牌娱乐场、游乐场;规范旅游营销活动、旅游节庆活动,建立优秀旅游节庆"以奖代补"机制,惩治旅游活动虚假宣传。

8.2.4 提高对创新人群的福利保障,营造更加友好的人才落户和创业环境

人口迁移与区域创新存在双向因果关系,人口迁入通过产生人力资本积累和知识溢出效应对区域创新影响显著,反过来区域创新水平的提升能加快区域人口迁入。首先,借鉴全国 19 个省市对口援疆的人才援助方式,在北京—沈阳、上海—大连、天津—长春、深圳—哈尔滨城市对口合作的基础上,深化东北地区和东部地区人才对口合作机制、扩大对口范畴,在东北三省选取更多包括中小城市在内的试点,利用定期、定岗的公职互换、干部互派、相互挂职、定点培训的方式,扩大人才异地培养进修、本地带动提升

的辐射效应,并采用对口城市绩效评比方式,对提供帮助的城市提供政策和资金回报。其次,在充分遵循市场规律的基础上,优化政策环境,开拓性地对科研、教育、管理、技术等采取团队式、组团式整体引进,人才培养深入企业、深入基层,加快形成人才培养环境,尤其是注重对产业转移中与产业相符的人才吸纳,促进东北三省人才队伍的"造血"式培育。再次,制定大学生吸引就业计划,针对不同学历、不同层次或不同年龄的毕业生采取不同的政策,提供人才精准服务。如对于研究生以上科研和技术人才,侧重储备、留用,一旦落户即可申请进入城市和省人才储备库,给予留用金奖励或工作足年奖励;对于大学生的吸引计划则侧重于对大学生落户的基本保障。最后,提高政府在创业生态系统建设方面的诚信度,做到"简政放权、说到做到",消除创业者关于政府设置行业性、地区性和经营性创业壁垒的担忧;加大对政府引导创业的绩效考核力度,推广政府提供的创业服务典型经验。

8.2.5 建立更加包容的基本公共服务环境,让居者各得其所

"人口振兴"不仅要注重人口数量的最终目标,而且还要提高人口对生活、居住的满意度。首先,提升政府对"基本公共服务"的"服务"。充分发动群众查漏补缺,找出基本公共服务盲点,以"精准扶贫"的思路完善基本公共服务均等化建设;进一步明确政府在构建基本公共服务方面的责权关系,加强基础设施的市场化运作和政府监管力度,着力创新以政府为主导的多样化基本公共服务供给方式。其次,加强规划的统筹引导作用。鼓励以先行先试思维加快推进各级国土空间规划体系构建,科学界定空间开发保护的政策体系,制定乡镇层面多样化的绩效考核体系,建立健全财政转移支付制度,让生态空间得到有效发展。最后,提升营商"软环境"。完善没有法定依据的审批、投资限制、技术性审查、公共产品及公共服务指定;加快"多规合一"通用审批平台覆盖,全面提高审批服务效能;妥善处理政府债务问题。

8.2.6 加快中小城市和县域城镇化进程,提高东北三省县域经济水平

与东部沿海地区相比,中小城市和县域经济发展动力不足是东北三省人口迁出的重要原因之一。首先,从长远和近期两个角度,加大对中小城市的规划体系重构。利用正在推进的省级国土空间规划编制,加强对中小城市和县域经济发展的战略引导,以公共服务设施、基础设施的产业配套建设为重点制定年度建设计划,构建有方向、分步骤、可实施的"一张蓝图"。其次,加快县域特色产业体系培育。面向"互联网+",推广海城经

验,以其低成本、小规模、可推广的特性带动一批产业发展;利用东北农业发展的资源优势,加快县级农业增长极培育,建设粮食生产功能区、重要农产品生产保护区、特色农产品优势区,积极应对东部沿海产业转移,着力以人口吸引为目的发展劳动密集型产业。最后,着力推动土地制度改革,激发农村土地利用活力。相比发达省份,东北三省的农村居民点用地使用明显粗放。重点加大对农村产权流转交易市场、农村集体经营性建设用地入市、农村土地经营权抵押融资建设,深化农村土地征收改革,让农民获得增值收益,有底气、有意愿进入城镇工作与生活;加强农村入城群体的保障,将农民向城镇转移与农民就业、转移后的生活改善等联系起来,积极稳妥地推进农民市民化。

9 创新与展望

9.1 主要创新

9.1.1 利用区域经济学思维丰富基于发展视角的人口迁移理论基础

一是提出"人口迁移顺差"和"人口迁移逆差"概念,建立特定区域与区域外人口迁移的相对关系分析基础。一般地,人口迁入地往往因为吸收了劳动力资源和消费群体而获得更好的发展,人口迁出则令地方发展受到阻碍。"人口迁移顺差"和"人口迁移逆差"将"人口迁移对区域发展的支撑作用"的价值判断融入人口迁移概念内涵,丰富了人口迁移的概念体系。二是将微观经济学价值理论中的"群体相对偏好"引入人口迁移研究。我国的人口迁移政策在改革开放后逐步放开,即在改革开放后对于全国任何一个特定区域而言,面向其他区域的迁移人口数量都有"放大"趋势,而这种"放大"则在全国层面呈现出区域不均衡状态,仅以迁移人口的绝对值变化观察人口迁移向量变化,丢失了大量背景信息。"人口引力指数""迁出偏好指数"丰富了基于比较视角的人口迁移分析理论,弥补了以"迁移人口数量"为单一标准观察迁入、迁出地的不足,为人口迁移研究提供了一种崭新的分析思路。

9.1.2 建立基于"三位一体"的人口迁移动态分析逻辑框架

人口迁移是在发展过程中人口对区域间综合差异的行为响应,其行为过程体现了人地关系的协调过程。在不同的经济社会发展阶段,这种区域综合差异在不断发生变化,原本对人口迁移起作用的影响因子可能逐渐不再起作用,原本影响较小的因子可能会逐渐扩大影响,而在我国发展日新月异、区域不平衡状态随时发生变化的大背景下,这种演变随时发生。笔者认为,区域综合差异导致人口迁移,因此建立了由7个二级指标、22个三级指标组成的区域综合差异指标体系,在"新引力模型"的理论基础下展开5个时段的人口迁移影响因素分析,判断各项指标体系与人口迁移的动态关系。实践证明,"新引力模型""区域综合差异指标体系""灰色关联度分析"三者结合,统筹了自然、经济、社会复杂系统中各类影响因素,可以有效揭示人口迁移的内在规律性和趋势性,丰富基于演变视角的人口迁移的动态分析方法。此外,以基期的经济数据,对此后五年内迁移人口规模进行分析,而非对同年经济数据与迁移人口规模进行相关分析,增加了分析结论的说服力。

9.1.3　以东北三省为特定对象的系统性省际人口迁移研究

地理学向来重视社会热点问题。"新东北现象"与东北三省人口问题虽然已经成为社会和舆论关注的热点,但对"外部迁入人口从哪里来""内部迁出人口去了哪里"缺少针对性、系统性研究,尤其对"为什么会这样发生"缺少共识性结论。本书以东北三省为特定对象,侧重三个方面的创新:一是结合东北老工业基地发展脉络,将人口迁移历程、长时间跨度的区域兴衰历程与全国人口发展历程进行对比,研究发现东北三省人口问题经历了漫长的过程并与区域发展特质高度响应;二是根据东北三省人口迁移特点探索影响因子指标体系,比如首次将温度、湿度等指标量化,引入区域温度指数、区域湿度指数等指标作为影响人口迁移的气候因素进行研究;三是根据东北三省人口迁移影响因素的排序,提出东北地区人口振兴的必要性和具体对策。

9.2　展望

本书从东北三省人口问题入手,分析了东北人口变化的阶段,人口迁移的布局、方向、演化,以及人口振兴政策的制定等问题,对以东北三省为特定对象的人口问题进行剖析,得到了研究的预期效果。但仍存在理论研究的很多不足,比如只对人口迁移概念提出辨证观点,缺少对人口顺差、逆差理论框架的完善和影响研究等,需在以后的研究中加以完善。

同时,更深、更广的研究有待于补充与完善。首先,人口迁移趋势研究的结论随时间跨度拓展而不同。东北三省在清代以人口迁入为主,中华人民共和国成立后仍为中国人口迁入最多的省份,改革开放后人口迁移情况得到扭转。本书从1949年开始对东北三省人口发展趋势与全国人口发展趋势进行对比分析;从1982年开始对东北三省的人口结构性问题进行分析;从1982年开始对东北三省人口与全国各地之间的迁移人口分布变化和偏好演变进行分析,对东北三省的研究跨度大部分集中在了改革开放之后,若能以更长远的视线观察东北三省人口演变因子,总结更长时间跨度的特征,可能会对东北三省的人口问题有更加深刻的认识。其次,在迁入人口和迁出人口单独作为比较指标的灰色关联度分析中,假设回流人口的行为也是理性的。事实上,影响迁入地与迁出地之间回流人口的变化可能是理性因素造成的,也可能是社会网络因素、文化因素等造成的,若能对此展开研究,则结论与现实会更加接近。最后,东北地区人口振兴问题是一个系统性政策研究,更深层次的战略内涵和执行方案有待于进一步研究深化。

附录

附表1 1982—1987年全国各省级行政单元迁入辽宁省的人口规模排名和比例

排名	省级行政单元	迁入人口/人	比例/%	排名	省级行政单元	迁入人口/人	比例/%
1	黑龙江	104 505	33.38	16	广东	2 302	0.74
2	吉林	59 359	18.96	17	新疆	2 302	0.74
3	内蒙古	39 139	12.50	18	陕西	2 202	0.70
4	山东	29 630	9.46	19	福建	2 102	0.67
5	河北	16 316	5.21	20	上海	1 802	0.58
6	河南	7 207	2.30	21	甘肃	1 802	0.58
7	北京	5 706	1.82	22	安徽	1 502	0.48
8	四川	5 305	1.69	23	贵州	1 502	0.48
9	湖南	5 105	1.63	24	青海	1 502	0.48
10	江苏	4 905	1.57	25	宁夏	1 301	0.41
11	浙江	3 804	1.21	26	云南	1 201	0.38
12	山西	3 704	1.18	27	广西	1 101	0.35
13	天津	2 903	0.93	28	海南	0	0.00
14	湖北	2 503	0.80	29	西藏	0	0.00
15	江西	2 402	0.77	—	—	—	—

附表2 1985—1990年全国各省级行政单元迁入辽宁省的人口规模排名和比例

排名	省级行政单元	迁入人口/人	比例/%	排名	省级行政单元	迁入人口/人	比例/%
1	黑龙江	150 073	27.72	16	甘肃	4 305	0.80
2	吉林	88 851	16.41	17	湖南	4 205	0.78
3	内蒙古	61 145	11.29	18	天津	3 580	0.66
4	山东	56 515	10.44	19	江西	3 221	0.59
5	河北	30 458	5.63	20	广东	3 162	0.58
6	浙江	23 744	4.39	21	新疆	2 956	0.55

续附表 2

排名	省级行政单元	迁入人口/人	比例/%	排名	省级行政单元	迁入人口/人	比例/%
7	四川	23 703	4.38	22	贵州	2 298	0.42
8	河南	17 253	3.19	23	上海	2 182	0.40
9	江苏	16 165	2.99	24	青海	1 825	0.34
10	安徽	11 177	2.06	25	广西	1 620	0.30
11	湖北	8 463	1.56	26	云南	1 359	0.25
12	陕西	6 498	1.20	27	宁夏	1 193	0.22
13	山西	5 574	1.03	28	西藏	640	0.12
14	福建	4 461	0.82	29	海南	410	0.08
15	北京	4 339	0.80	—	—	—	—

附表 3　1995—2000 年全国各省级行政单元迁入辽宁省的人口规模排名和比例

排名	省级行政单元	迁入人口/人	比例/%	排名	省级行政单元	迁入人口/人	比例/%
1	黑龙江	235 663	29.66	16	重庆	6 411	0.81
2	吉林	136 084	17.13	17	江西	6 295	0.79
3	内蒙古	86 516	10.89	18	广东	5 316	0.67
4	山东	60 863	7.66	19	北京	4 874	0.61
5	河南	39 032	4.91	20	甘肃	4 189	0.53
6	安徽	33 126	4.17	21	天津	3 821	0.48
7	四川	32 284	4.07	22	新疆	2 979	0.37
8	河北	30 874	3.89	23	贵州	2 484	0.31
9	江苏	25 358	3.19	24	上海	1 968	0.25
10	浙江	21 126	2.66	25	广西	1 863	0.23
11	湖北	16 432	2.07	26	青海	1 684	0.21
12	福建	9 453	1.19	27	宁夏	1 432	0.18
13	陕西	8 463	1.07	28	云南	1 305	0.16
14	山西	6 695	0.84	29	海南	747	0.10
15	湖南	6 621	0.83	30	西藏	589	0.07

附表 4　2000—2005 年全国各省级行政单元迁入辽宁省的人口规模排名和比例

排名	省级行政单元	迁入人口/人	比例/%	排名	省级行政单元	迁入人口/人	比例/%
1	黑龙江	221 756	32.54	16	陕西	5 420	0.80

续附表 4

排名	省级行政单元	迁入人口/人	比例/%	排名	省级行政单元	迁入人口/人	比例/%
2	吉林	126 260	18.53	17	重庆	4 885	0.72
3	内蒙古	80 229	11.77	18	山西	4 809	0.70
4	山东	48 015	7.05	19	湖南	4 122	0.60
5	河南	40 229	5.90	20	天津	3 435	0.50
6	河北	28 473	4.18	21	甘肃	3 130	0.46
7	安徽	19 466	2.86	22	云南	2 595	0.38
8	四川	17 023	2.50	23	上海	2 366	0.34
9	江苏	15 954	2.34	24	新疆	2 137	0.31
10	浙江	11 145	1.64	25	宁夏	1 832	0.27
11	湖北	10 000	1.47	26	贵州	1 069	0.16
12	北京	6 565	0.96	27	青海	840	0.12
13	江西	6 107	0.90	28	广西	763	0.11
14	广东	5 954	0.87	29	西藏	763	0.11
15	福建	5 802	0.85	30	海南	382	0.06

附表 5　2005—2010 年全国各省级行政单元迁入辽宁省的人口规模排名和比例

排名	省级行政单元	迁入人口/人	比例/%	排名	省级行政单元	迁入人口/人	比例/%
1	黑龙江	339 590	28.98	16	陕西	11 040	0.94
2	吉林	190 280	16.24	17	江西	10 640	0.91
3	内蒙古	115 970	9.90	18	广东	10 490	0.90
4	山东	83 300	7.11	19	北京	10 480	0.89
5	河南	75 710	6.46	20	甘肃	8 600	0.73
6	河北	54 330	4.64	21	天津	8 410	0.72
7	安徽	47 900	4.09	22	贵州	7 010	0.60
8	四川	40 550	3.46	23	新疆	5 180	0.44
9	江苏	31 550	2.69	24	云南	4 710	0.40
10	湖北	22 590	1.93	25	广西	4 280	0.37
11	浙江	20 810	1.78	26	上海	3 930	0.34
12	山西	17 580	1.50	27	青海	2 600	0.22
13	湖南	14 880	1.27	28	宁夏	1 940	0.17

续附表 5

排名	省级行政单元	迁入人口/人	比例/%	排名	省级行政单元	迁入人口/人	比例/%
14	福建	13 320	1.14	29	海南	1 860	0.16
15	重庆	11 100	0.95	30	西藏	1 240	0.11

附表6　2010—2015年全国各省级行政单元迁入辽宁省的人口规模排名和比例

排名	省级行政单元	迁入人口/人	比例/%	排名	省级行政单元	迁入人口/人	比例/%
1	黑龙江	192 581	24.64	16	重庆	9 355	1.20
2	吉林	128 387	16.43	17	福建	7 548	0.97
3	内蒙古	68 258	8.73	18	浙江	6 839	0.88
4	山东	64 194	8.21	19	广东	6 452	0.83
5	河北	46 710	5.98	20	广西	6 452	0.83
6	河南	46 516	5.95	21	陕西	6 452	0.83
7	安徽	27 613	3.53	22	云南	6 129	0.79
8	北京	19 935	2.55	23	湖北	5 419	0.69
9	甘肃	18 774	2.40	24	天津	5 226	0.67
10	贵州	18 710	2.39	25	江西	3 355	0.43
11	江苏	17 419	2.23	26	上海	2 581	0.33
12	湖南	16 968	2.17	27	海南	2 452	0.31
13	四川	16 194	2.07	28	宁夏	2 258	0.29
14	山西	13 677	1.75	29	西藏	1 484	0.19
15	新疆	12 129	1.55	30	青海	1 419	0.18

附表7　1982—1987年全国各省级行政单元迁入吉林省的人口规模排名和比例

排名	省级行政单元	迁入人口/人	比例/%	排名	省级行政单元	迁入人口/人	比例/%
1	黑龙江	61 061	36.14	16	山西	501	0.30
2	辽宁	33 534	19.85	17	甘肃	501	0.30
3	山东	32 933	19.49	18	广东	400	0.24
4	内蒙古	15 916	9.42	19	陕西	400	0.24
5	浙江	6 507	3.85	20	江西	300	0.17
6	河北	5 205	3.08	21	天津	200	0.12
7	河南	2 202	1.30	22	广西	200	0.12
8	北京	1 802	1.07	23	新疆	200	0.12

续附表7

排名	省级行政单元	迁入人口/人	比例/%	排名	省级行政单元	迁入人口/人	比例/%
9	江苏	1 702	1.00	24	云南	100	0.06
10	四川	1 301	0.77	25	上海	0	0.00
11	湖北	1 001	0.59	26	海南	0	0.00
12	湖南	901	0.53	27	贵州	0	0.00
13	青海	801	0.47	28	西藏	0	0.00
14	福建	701	0.41	29	宁夏	0	0.00
15	安徽	601	0.36	—	—	—	—

附表8 1985—1990年全国各省级行政单元迁入吉林省的人口规模排名和比例

排名	省级行政单元	迁入人口/人	比例/%	排名	省级行政单元	迁入人口/人	比例/%
1	黑龙江	65 512	27.61	16	湖南	1 721	0.73
2	辽宁	45 297	19.09	17	福建	1 675	0.71
3	山东	43 661	18.40	18	天津	1 621	0.68
4	内蒙古	19 641	8.28	19	江西	1 375	0.58
5	河北	9 047	3.81	20	新疆	1 274	0.53
6	浙江	8 112	3.42	21	广东	1 112	0.47
7	四川	7 321	3.09	22	云南	1 066	0.45
8	江苏	5 825	2.45	23	广西	981	0.41
9	河南	4 995	2.10	24	贵州	915	0.39
10	湖北	3 119	1.31	25	青海	743	0.31
11	安徽	2 727	1.15	26	上海	571	0.24
12	山西	2 411	1.02	27	宁夏	536	0.23
13	陕西	2 051	0.86	28	海南	146	0.06
14	甘肃	1 898	0.80	29	西藏	61	0.03
15	北京	1 879	0.79	—	—	—	—

附表9 1995—2000年全国各省级行政单元迁入吉林省的人口规模排名和比例

排名	省级行政单元	迁入人口/人	比例/%	排名	省级行政单元	迁入人口/人	比例/%
1	黑龙江	72 811	27.24	16	江西	2 305	0.86
2	辽宁	41 463	15.51	17	北京	2 074	0.78
3	山东	30 589	11.44	18	天津	1 947	0.73

续附表9

排名	省级行政单元	迁入人口/人	比例/%	排名	省级行政单元	迁入人口/人	比例/%
4	内蒙古	22 284	8.33	19	广东	1 947	0.73
5	河北	12 263	4.59	20	甘肃	1 768	0.66
6	江苏	11 705	4.38	21	新疆	1 432	0.54
7	河南	10 032	3.75	22	重庆	1 400	0.52
8	四川	9 337	3.49	23	广西	1 211	0.45
9	安徽	8 737	3.27	24	云南	1 053	0.39
10	湖北	8 042	3.01	25	贵州	1 042	0.39
11	浙江	7 253	2.71	26	青海	863	0.32
12	福建	4 274	1.60	27	宁夏	832	0.31
13	山西	3 484	1.30	28	海南	789	0.30
14	陕西	3 011	1.13	29	上海	684	0.26
15	湖南	2 568	0.96	30	西藏	126	0.05

附表10　2000—2005年全国各省级行政单元迁入吉林省的人口规模排名和比例

排名	省级行政单元	迁入人口/人	比例/%	排名	省级行政单元	迁入人口/人	比例/%
1	黑龙江	69 008	31.32	16	山西	1 679	0.76
2	辽宁	33 817	15.35	17	贵州	1 603	0.73
3	山东	23 282	10.57	18	广东	1 450	0.66
4	内蒙古	17 481	7.93	19	江西	1 374	0.62
5	河南	13 435	6.10	20	陕西	1 374	0.62
6	安徽	10 611	4.82	21	重庆	1 298	0.59
7	河北	9 924	4.50	22	湖南	1 221	0.56
8	四川	6 107	2.77	23	上海	916	0.42
9	湖北	5 573	2.53	24	甘肃	916	0.42
10	江苏	4 885	2.22	25	广西	687	0.31
11	浙江	3 588	1.63	26	新疆	687	0.31
12	北京	2 290	1.04	27	青海	382	0.17
13	云南	2 290	1.04	28	海南	153	0.07
14	福建	2 214	1.01	29	宁夏	153	0.07
15	天津	1 832	0.83	30	西藏	76	0.03

附表11 2005—2010年全国各省级行政单元迁入吉林省的人口规模排名和比例

排名	省级行政单元	迁入人口/人	比例/%	排名	省级行政单元	迁入人口/人	比例/%
1	黑龙江	78 410	23.17	16	江西	4 290	1.27
2	辽宁	46 590	13.77	17	陕西	3 960	1.17
3	山东	35 890	10.61	18	广东	3 750	1.11
4	内蒙古	25 360	7.49	19	天津	3 270	0.96
5	河南	19 970	5.90	20	重庆	2 920	0.86
6	河北	18 460	5.45	21	甘肃	2 840	0.84
7	安徽	13 730	4.06	22	新疆	2 790	0.82
8	江苏	11 280	3.33	23	贵州	2 720	0.80
9	浙江	10 770	3.18	24	海南	2 310	0.68
10	湖北	8 970	2.65	25	上海	2 160	0.64
11	四川	8 720	2.58	26	云南	1 890	0.56
12	山西	7 170	2.12	27	青海	1 850	0.55
13	湖南	5 380	1.59	28	广西	1 820	0.54
14	福建	4 940	1.46	29	宁夏	1 100	0.33
15	北京	4 780	1.41	30	西藏	330	0.10

附表12 2010—2015年全国各省级行政单元迁入吉林省的人口规模排名和比例

排名	省级行政单元	迁入人口/人	比例/%	排名	省级行政单元	迁入人口/人	比例/%
1	黑龙江	63 806	20.27	16	陕西	6 194	1.97
2	辽宁	49 097	15.60	17	福建	5 226	1.66
3	内蒙古	25 419	8.08	18	上海	5 161	1.64
4	山东	22 452	7.13	19	广东	4 839	1.54
5	河南	15 290	4.86	20	湖南	4 194	1.33
6	河北	14 452	4.59	21	贵州	3 742	1.19
7	北京	12 129	3.85	22	海南	3 226	1.02
8	安徽	10 710	3.40	23	江西	3 097	0.98
9	江苏	9 806	3.12	24	云南	2 839	0.90
10	四川	8 903	2.83	25	新疆	2 516	0.80
11	山西	8 194	2.60	26	重庆	1 935	0.61
12	湖北	7 419	2.36	27	广西	1 419	0.45

续附表 12

排名	省级行政单元	迁入人口/人	比例/%	排名	省级行政单元	迁入人口/人	比例/%
13	甘肃	7 226	2.30	28	青海	1 226	0.39
14	天津	6 968	2.21	29	宁夏	452	0.15
15	浙江	6 839	2.17	30	西藏	0	0.00

附表 13　1982—1987 年全国各省级行政单元迁入黑龙江省的人口规模排名和比例

排名	省级行政单元	迁入人口/人	比例/%	排名	省级行政单元	迁入人口/人	比例/%
1	山东	60 460	31.57	16	陕西	701	0.37
2	吉林	40 541	21.17	17	山西	501	0.26
3	辽宁	34 234	17.88	18	江西	501	0.26
4	内蒙古	18 719	9.78	19	湖南	400	0.21
5	河北	9 109	4.76	20	广东	400	0.21
6	安徽	6 807	3.55	21	广西	400	0.21
7	江苏	4 204	2.20	22	新疆	300	0.16
8	河南	3 504	1.83	23	青海	200	0.10
9	浙江	3 403	1.77	24	天津	100	0.05
10	四川	2 903	1.51	25	福建	100	0.05
11	北京	801	0.42	26	云南	100	0.05
12	上海	801	0.42	27	西藏	100	0.05
13	甘肃	801	0.42	28	海南	0	0.00
14	湖北	701	0.37	29	宁夏	0	0.00
15	贵州	701	0.37	—	—	—	—

附表 14　1985—1990 年全国各省级行政单元迁入黑龙江省的人口规模排名和比例

排名	省级行政单元	迁入人口/人	比例/%	排名	省级行政单元	迁入人口/人	比例/%
1	山东	86 552	23.56	16	湖南	2 046	0.56
2	吉林	80 257	21.84	17	江西	1 842	0.50
3	辽宁	47 046	12.80	18	天津	1 376	0.37
4	内蒙古	37 922	10.32	19	甘肃	1 364	0.37
5	河北	16 684	4.54	20	贵州	1 157	0.31
6	浙江	15 070	4.10	21	上海	916	0.25
7	安徽	14 723	4.01	22	广东	859	0.23

续附表 14

排名	省级行政单元	迁入人口/人	比例/%	排名	省级行政单元	迁入人口/人	比例/%
8	江苏	14 291	3.89	23	广西	795	0.22
9	四川	13 150	3.58	24	新疆	645	0.18
10	河南	13 055	3.56	25	云南	623	0.17
11	湖北	6 614	1.80	26	青海	381	0.10
12	北京	2 644	0.72	27	宁夏	329	0.09
13	陕西	2 438	0.66	28	海南	98	0.03
14	山西	2 398	0.65	29	西藏	34	0.01
15	福建	2 119	0.58	—	—	—	—

注：天津和甘肃迁入人口不同而比例相同是由于比例取小数点后两位造成的。下同。

附表15　1995—2000年全国各省级行政单元迁入黑龙江省的人口规模排名和比例

排名	省级行政单元	迁入人口/人	比例/%	排名	省级行政单元	迁入人口/人	比例/%
1	吉林	77 768	24.53	16	陕西	3 021	0.95
2	山东	44 800	14.13	17	北京	2 695	0.85
3	内蒙古	37 537	11.84	18	广东	2 358	0.74
4	辽宁	34 947	11.02	19	甘肃	1 863	0.59
5	江苏	17 253	5.44	20	天津	1 758	0.55
6	安徽	13 842	4.37	21	贵州	1 589	0.50
7	河北	13 716	4.33	22	重庆	1 526	0.48
8	河南	12 474	3.93	23	广西	1 368	0.43
9	湖北	10 674	3.37	24	上海	979	0.31
10	四川	9 305	2.93	25	云南	979	0.31
11	浙江	9 221	2.91	26	宁夏	726	0.23
12	福建	4 116	1.30	27	海南	558	0.18
13	湖南	3 821	1.21	28	新疆	547	0.17
14	山西	3 768	1.19	29	青海	484	0.15
15	江西	3 200	1.01	30	西藏	158	0.05

附表16　2000—2005年全国各省级行政单元迁入黑龙江省的人口规模排名和比例

排名	省级行政单元	迁入人口/人	比例/%	排名	省级行政单元	迁入人口/人	比例/%
1	吉林	48 244	24.43	16	湖南	1 450	0.73
2	内蒙古	31 145	15.77	17	天津	1 374	0.70

续附表 16

排名	省级行政单元	迁入人口/人	比例/%	排名	省级行政单元	迁入人口/人	比例/%
3	山东	24 580	12.45	18	山西	1 374	0.70
4	辽宁	23 893	12.10	19	重庆	1 221	0.62
5	安徽	8 092	4.10	20	陕西	840	0.43
6	湖北	7 557	3.83	21	甘肃	840	0.43
7	河南	7 405	3.75	22	广西	687	0.35
8	江西	6 489	3.29	23	上海	458	0.23
9	河北	6 336	3.21	24	新疆	458	0.23
10	福建	5 420	2.74	25	云南	382	0.19
11	浙江	5 115	2.59	26	青海	382	0.19
12	四川	4 580	2.32	27	海南	305	0.15
13	江苏	3 130	1.58	28	贵州	305	0.15
14	北京	2 977	1.51	29	宁夏	305	0.15
15	广东	2 137	1.08	30	西藏	0	0.00

附表 17 2005—2010 年全国各省级行政单元迁入黑龙江省的人口规模排名和比例

排名	省级行政单元	迁入人口/人	比例/%	排名	省级行政单元	迁入人口/人	比例/%
1	吉林	58 090	18.05	16	江西	5 290	1.64
2	山东	41 110	12.77	17	广东	5 140	1.60
3	辽宁	39 020	12.12	18	福建	4 960	1.54
4	内蒙古	29 420	9.14	19	陕西	4 490	1.40
5	河北	21 240	6.60	20	甘肃	3 560	1.11
6	河南	15 490	4.81	21	云南	2 890	0.90
7	安徽	13 400	4.16	22	贵州	2 710	0.84
8	湖北	11 420	3.55	23	上海	2 690	0.84
9	江苏	9 950	3.09	24	重庆	2 570	0.80
10	浙江	8 600	2.67	25	广西	2 270	0.71
11	四川	7 190	2.23	26	新疆	1 750	0.54
12	北京	7 010	2.18	27	海南	1 670	0.52
13	湖南	6 170	1.92	28	宁夏	970	0.30
14	山西	6 120	1.90	29	青海	870	0.27
15	天津	5 480	1.70	30	西藏	310	0.10

附表18 2010—2015年全国各省级行政单元迁入黑龙江省的人口规模排名和比例

排名	省级行政单元	迁入人口/人	比例/%	排名	省级行政单元	迁入人口/人	比例/%
1	吉林	54 645	11.58	16	广西	11 677	2.48
2	山东	38 452	8.15	17	江苏	9 419	2.00
3	辽宁	38 323	8.12	18	重庆	7 484	1.59
4	内蒙古	37 548	7.96	19	陕西	7 290	1.55
5	河南	31 935	6.77	20	天津	7 097	1.50
6	四川	28 839	6.11	21	江西	6 903	1.47
7	甘肃	25 419	5.39	22	云南	5 935	1.26
8	河北	23 226	4.92	23	福建	3 548	0.75
9	贵州	22 839	4.84	24	湖南	3 419	0.72
10	安徽	21 742	4.61	25	上海	3 032	0.64
11	山西	20 581	4.36	26	海南	2 387	0.51
12	湖北	17 161	3.64	27	青海	2 065	0.44
13	广东	13 677	2.90	28	新疆	2 000	0.42
14	北京	12 581	2.67	29	宁夏	194	0.04
15	浙江	12 194	2.58	30	西藏	129	0.03

附表19 1982—1987年辽宁省迁出至全国各省级行政单元的人口规模排名和比例

排名	省级行政单元	迁出人口/人	比例/%	排名	省级行政单元	迁出人口/人	比例/%
1	黑龙江	34 234	14.83	16	广东	3 704	1.60
2	吉林	33 534	14.53	17	浙江	2 503	1.08
3	山东	24 925	10.80	18	安徽	1 702	0.74
4	河北	19 820	8.59	19	新疆	1 502	0.65
5	四川	15 816	6.85	20	江西	1 401	0.61
6	内蒙古	15 516	6.72	21	福建	1 001	0.43
7	江苏	13 914	6.03	22	贵州	501	0.22
8	湖南	13 413	5.81	23	宁夏	501	0.22
9	北京	13 113	5.68	24	云南	400	0.17
10	河南	8 709	3.77	25	甘肃	300	0.13
11	上海	6 406	2.78	26	广西	200	0.09
12	陕西	5 105	2.21	27	海南	0	0.00

续附表 19

排名	省级行政单元	迁出人口/人	比例/%	排名	省级行政单元	迁出人口/人	比例/%
13	天津	4 705	2.04	28	西藏	0	0.00
14	湖北	4 204	1.82	29	青海	0	0.00
15	山西	3 704	1.60	—	—	—	—

附表 20　1985—1990 年辽宁省迁出至全国各省级行政单元的人口规模排名和比例

排名	省级行政单元	迁出人口/人	比例/%	排名	省级行政单元	迁出人口/人	比例/%
1	黑龙江	47 046	15.95	16	湖南	4 898	1.66
2	吉林	45 297	15.36	17	山西	4 897	1.66
3	内蒙古	25 219	8.55	18	安徽	4 371	1.48
4	山东	25 062	8.50	19	甘肃	3 272	1.11
5	河北	23 236	7.88	20	宁夏	2 368	0.80
6	北京	19 708	6.68	21	江西	2 111	0.71
7	河南	14 315	4.85	22	福建	1 733	0.59
8	四川	13 149	4.46	23	青海	1 694	0.57
9	江苏	12 681	4.30	24	广西	1 372	0.47
10	广东	8 075	2.73	25	新疆	1 188	0.40
11	天津	7 743	2.62	26	云南	1 078	0.37
12	湖北	6 214	2.11	27	贵州	843	0.29
13	上海	6 015	2.04	28	海南	505	0.17
14	陕西	5 979	2.02	29	西藏	—	—
15	浙江	4 927	1.67	—	—	—	—

附表 21　1995—2000 年辽宁省迁出至全国各省级行政单元的人口规模排名和比例

排名	省级行政单元	迁出人口/人	比例/%	排名	省级行政单元	迁出人口/人	比例/%
1	北京	59 411	14.86	16	山西	5 442	1.36
2	吉林	41 463	10.37	17	安徽	5 147	1.29
3	山东	40 979	10.25	18	福建	5 116	1.28
4	河北	37 074	9.27	19	湖南	4 537	1.13
5	黑龙江	34 947	8.74	20	重庆	3 695	0.92
6	广东	32 463	8.12	21	新疆	3 137	0.78
7	内蒙古	26 063	6.52	22	云南	2 874	0.72

续附表 21

排名	省级行政单元	迁出人口/人	比例/%	排名	省级行政单元	迁出人口/人	比例/%
8	江苏	15 379	3.85	23	甘肃	2 737	0.68
9	天津	14 758	3.69	24	海南	2 347	0.59
10	上海	14 042	3.51	25	广西	1 853	0.46
11	河南	9 968	2.49	26	江西	1 758	0.44
12	浙江	9 484	2.37	27	贵州	1 368	0.34
13	四川	9 011	2.26	28	宁夏	1 326	0.33
14	陕西	6 253	1.57	29	青海	768	0.19
15	湖北	6 147	1.54	30	西藏	316	0.08

附表 22　2000—2005 年辽宁省迁出至全国各省级行政单元的人口规模排名和比例

排名	省级行政单元	迁出人口/人	比例/%	排名	省级行政单元	迁出人口/人	比例/%
1	北京	83 969	19.93	16	重庆	4 885	1.16
2	山东	42 519	10.09	17	广西	4 427	1.05
3	广东	37 786	8.97	18	云南	3 435	0.82
4	吉林	33 817	8.03	19	河南	3 206	0.76
5	河北	25 802	6.13	20	陕西	3 053	0.72
6	上海	24 962	5.92	21	湖南	2 977	0.71
7	江苏	24 809	5.89	22	新疆	2 748	0.65
8	黑龙江	23 893	5.67	23	海南	2 672	0.63
9	内蒙古	21 145	5.02	24	山西	2 595	0.62
10	天津	19 618	4.66	25	甘肃	2 214	0.53
11	浙江	17 023	4.04	26	江西	1 985	0.47
12	安徽	8 702	2.07	27	贵州	1 298	0.31
13	四川	7 099	1.69	28	宁夏	763	0.18
14	湖北	6 718	1.59	29	青海	458	0.11
15	福建	6 565	1.56	30	西藏	76	0.02

附表 23　2005—2010 年辽宁省迁出至全国各省级行政单元的人口规模排名和比例

排名	省级行政单元	迁出人口/人	比例/%	排名	省级行政单元	迁出人口/人	比例/%
1	北京	138 120	20.15	16	山西	9 610	1.40
2	山东	53 970	7.87	17	湖北	9 000	1.31

续附表 23

排名	省级行政单元	迁出人口/人	比例/%	排名	省级行政单元	迁出人口/人	比例/%
3	河北	49 190	7.18	18	河南	7 340	1.07
4	吉林	46 590	6.80	19	湖南	6 780	0.99
5	内蒙古	45 520	6.64	20	广西	6 500	0.95
6	广东	43 770	6.39	21	江西	6 100	0.89
7	上海	43 640	6.37	22	海南	5 550	0.81
8	天津	41 660	6.08	23	新疆	5 440	0.79
9	黑龙江	39 020	5.69	24	重庆	5 250	0.77
10	江苏	33 560	4.90	25	甘肃	4 830	0.70
11	浙江	26 210	3.82	26	云南	4 460	0.65
12	四川	13 410	1.96	27	贵州	3 520	0.51
13	福建	10 980	1.60	28	宁夏	2 890	0.42
14	陕西	10 420	1.52	29	青海	1 690	0.25
15	安徽	10 010	1.46	30	西藏	390	0.06

附表 24　2010—2015 年辽宁省迁出至全国各省级行政单元的人口规模排名和比例

排名	省级行政单元	迁出人口/人	比例/%	排名	省级行政单元	迁出人口/人	比例/%
1	北京	155 032	19.19	16	陕西	15 742	1.94
2	天津	81 419	10.08	17	湖北	15 226	1.88
3	内蒙古	49 548	6.13	18	河南	14 710	1.82
4	吉林	49 097	6.08	19	甘肃	11 806	1.46
5	河北	48 839	6.04	20	广西	10 645	1.32
6	广东	46 839	5.80	21	湖南	10 323	1.28
7	山东	40 581	5.02	22	海南	8 839	1.09
8	黑龙江	38 323	4.74	23	云南	7 290	0.90
9	上海	37 871	4.69	24	江西	6 774	0.84
10	浙江	34 452	4.26	25	新疆	5 806	0.72
11	江苏	31 097	3.85	26	重庆	4 774	0.59
12	四川	23 935	2.96	27	贵州	3 806	0.47
13	安徽	18 000	2.23	28	青海	2 194	0.27
14	山西	16 581	2.05	29	宁夏	1 613	0.20
15	福建	15 806	1.96	30	西藏	1 097	0.14

附表25　1982—1987年吉林省迁出至全国各省级行政单元的人口规模排名和比例

排名	省级行政单元	迁出人口/人	比例/%	排名	省级行政单元	迁出人口/人	比例/%
1	辽宁	59 359	24.81	16	上海	1 502	0.63
2	山东	58 158	24.31	17	安徽	901	0.37
3	黑龙江	40 541	16.95	18	山西	801	0.33
4	河北	14 815	6.19	19	宁夏	501	0.21
5	内蒙古	14 515	6.07	20	云南	400	0.17
6	江苏	10 310	4.31	21	福建	300	0.13
7	四川	9 209	3.85	22	江西	300	0.13
8	北京	7 307	3.05	23	新疆	300	0.13
9	河南	5 706	2.38	24	贵州	100	0.04
10	湖北	3 604	1.51	25	甘肃	100	0.04
11	广东	3 203	1.34	26	青海	100	0.04
12	天津	2 202	0.92	27	广西	0	0.00
13	陕西	1 802	0.75	28	海南	0	0.00
14	浙江	1 602	0.67	29	西藏	0	0.00
15	湖南	1 602	0.67	—	—	—	—

附表26　1985—1990年吉林省迁出至全国各省级行政单元的人口规模排名和比例

排名	省级行政单元	迁出人口/人	比例/%	排名	省级行政单元	迁出人口/人	比例/%
1	辽宁	88 851	24.99	16	陕西	3 084	0.87
2	黑龙江	80 257	22.57	17	安徽	2 957	0.83
3	山东	60 559	17.03	18	湖南	2 444	0.69
4	内蒙古	23 673	6.66	19	甘肃	1 818	0.51
5	河北	19 380	5.45	20	江西	1 515	0.43
6	北京	14 651	4.12	21	福建	1 204	0.34
7	江苏	10 619	2.99	22	云南	926	0.26
8	河南	7 821	2.20	23	新疆	920	0.26
9	四川	7 145	2.01	24	广西	875	0.25
10	广东	5 817	1.64	25	青海	689	0.19
11	天津	4 558	1.28	26	海南	645	0.18
12	湖北	4 081	1.15	27	宁夏	615	0.17

续附表 26

排名	省级行政单元	迁出人口/人	比例/%	排名	省级行政单元	迁出人口/人	比例/%
13	上海	3 677	1.03	28	贵州	415	0.12
14	山西	3 217	0.90	29	西藏	0	0.00
15	浙江	3 119	0.88	—	—	—	—

附表 27　1995—2000 年吉林省迁出至全国各省级行政单元的人口规模排名和比例

排名	省级行政单元	迁出人口/人	比例/%	排名	省级行政单元	迁出人口/人	比例/%
1	辽宁	136 084	24.42	16	安徽	4 242	0.76
2	山东	98 558	17.69	17	陕西	4 074	0.73
3	黑龙江	77 768	13.96	18	山西	3 916	0.70
4	北京	47 021	8.44	19	云南	3 042	0.54
5	河北	41 611	7.47	20	湖南	2 853	0.51
6	广东	29 789	5.35	21	海南	2 537	0.45
7	内蒙古	22 484	4.04	22	新疆	2 495	0.45
8	天津	17 811	3.20	23	重庆	2 400	0.43
9	江苏	12 684	2.28	24	广西	1 821	0.33
10	上海	12 253	2.20	25	甘肃	1 716	0.31
11	浙江	7 811	1.40	26	江西	1 579	0.28
12	河南	6 874	1.23	27	宁夏	695	0.12
13	四川	4 779	0.86	28	贵州	621	0.11
14	湖北	4 674	0.84	29	青海	442	0.08
15	福建	4 389	0.79	30	西藏	147	0.03

附表 28　2000—2005 年吉林省迁出至全国各省级行政单元的人口规模排名和比例

排名	省级行政单元	迁出人口/人	比例/%	排名	省级行政单元	迁出人口/人	比例/%
1	辽宁	126 260	23.44	16	四川	4 122	0.76
2	山东	88 092	16.35	17	河南	3 511	0.65
3	北京	70 229	13.04	18	陕西	2 901	0.54
4	黑龙江	48 244	8.96	19	海南	2 672	0.50
5	广东	33 817	6.28	20	云南	2 366	0.44
6	河北	26 031	4.83	21	新疆	1 985	0.37
7	天津	25 802	4.79	22	江西	1 603	0.30

续附表 28

排名	省级行政单元	迁出人口/人	比例/%	排名	省级行政单元	迁出人口/人	比例/%
8	上海	23 053	4.28	23	重庆	1 603	0.30
9	江苏	19 542	3.63	24	湖南	1 221	0.22
10	浙江	15 802	2.93	25	甘肃	840	0.16
11	内蒙古	14 962	2.78	26	广西	763	0.14
12	湖北	6 718	1.25	27	青海	534	0.10
13	福建	5 420	1.01	28	贵州	458	0.09
14	安徽	4 809	0.89	29	宁夏	458	0.09
15	山西	4 733	0.88	30	西藏	0	0.00

附表 29　2005—2010 年吉林省迁出至全国各省级行政单元的人口规模排名和比例

排名	省级行政单元	迁出人口/人	比例/%	排名	省级行政单元	迁出人口/人	比例/%
1	辽宁	190 280	22.28	16	安徽	7 610	0.89
2	北京	119 040	13.94	17	陕西	7 400	0.87
3	山东	108 950	12.76	18	河南	6 910	0.81
4	黑龙江	58 090	6.80	19	海南	6 330	0.74
5	广东	51 090	5.98	20	湖北	6 080	0.71
6	天津	48 070	5.63	21	湖南	5 430	0.64
7	河北	40 760	4.77	22	江西	5 120	0.60
8	上海	36 150	4.23	23	云南	4 460	0.52
9	内蒙古	36 140	4.23	24	新疆	4 330	0.51
10	江苏	33 630	3.94	25	重庆	4 200	0.49
11	浙江	28 130	3.29	26	贵州	3 690	0.43
12	四川	9 550	1.12	27	甘肃	3 330	0.39
13	福建	9 510	1.12	28	宁夏	2 190	0.26
14	山西	8 290	0.97	29	青海	1 310	0.16
15	广西	7 690	0.90	30	西藏	130	0.02

附表 30　2010—2015 年吉林省迁出至全国各省级行政单元的人口规模排名和比例

排名	省级行政单元	迁出人口/人	比例/%	排名	省级行政单元	迁出人口/人	比例/%
1	辽宁	128 387	15.72	16	安徽	12 323	1.51
2	北京	104 774	12.83	17	湖北	12 129	1.49

续附表 30

排名	省级行政单元	迁出人口/人	比例/%	排名	省级行政单元	迁出人口/人	比例/%
3	天津	78 258	9.59	18	湖南	10 710	1.31
4	山东	57 097	6.99	19	福建	10 581	1.30
5	黑龙江	54 645	6.69	20	海南	8 581	1.05
6	广东	51 290	6.28	21	江西	7 161	0.88
7	河北	48 000	5.88	22	新疆	7 097	0.87
8	江苏	37 097	4.54	23	云南	7 032	0.86
9	内蒙古	34 194	4.19	24	甘肃	6 000	0.73
10	浙江	28 903	3.54	25	山西	5 677	0.70
11	上海	26 774	3.28	26	重庆	5 355	0.66
12	四川	22 323	2.73	27	贵州	3 032	0.37
13	河南	18 323	2.24	28	宁夏	1 613	0.20
14	陕西	14 903	1.83	29	青海	968	0.12
15	广西	12 903	1.58	30	西藏	323	0.04

附表 31 1982—1987 年黑龙江省迁出至全国各省级行政单元的人口规模排名和比例

排名	省级行政单元	迁出人口/人	比例/%	排名	省级行政单元	迁出人口/人	比例/%
1	山东	138 138	30.67	16	广东	2 603	0.58
2	辽宁	104 505	23.21	17	安徽	2 402	0.53
3	吉林	61 061	13.56	18	山西	2 102	0.47
4	河北	27 828	6.18	19	新疆	1 201	0.26
5	内蒙古	25 325	5.62	20	甘肃	901	0.20
6	江苏	18 719	4.16	21	福建	801	0.18
7	北京	13 313	2.96	22	贵州	801	0.18
8	四川	10 210	2.27	23	江西	501	0.11
9	湖北	8 509	1.89	24	宁夏	501	0.11
10	河南	6 907	1.53	25	青海	200	0.04
11	上海	6 707	1.49	26	广西	100	0.02
12	浙江	6 006	1.33	27	海南	0	0.00
13	天津	4 404	0.98	28	云南	0	0.00
14	陕西	3 604	0.80	29	西藏	0	0.00

续附表 31

排名	省级行政单元	迁出人口/人	比例/%	排名	省级行政单元	迁出人口/人	比例/%
15	湖南	3 003	0.67	—	—	—	—

附表 32　1985—1990 年黑龙江省迁出至全国各省级行政单元的人口规模排名和比例

排名	省级行政单元	迁出人口/人	比例/%	排名	省级行政单元	迁出人口/人	比例/%
1	辽宁	150 073	24.70	16	湖南	4 709	0.78
2	山东	130 712	21.52	17	山西	3 692	0.61
3	吉林	65 512	10.78	18	陕西	3 610	0.59
4	内蒙古	57 352	9.44	19	甘肃	1 720	0.29
5	河北	48 987	8.06	20	广西	1 686	0.28
6	北京	24 147	3.97	21	江西	1 622	0.27
7	江苏	22 947	3.78	22	福建	1 515	0.25
8	河南	18 132	2.98	23	宁夏	1 226	0.20
9	天津	14 053	2.31	24	新疆	1 195	0.20
10	四川	11 547	1.90	25	贵州	1 151	0.19
11	上海	10 369	1.71	26	云南	1 007	0.17
12	浙江	9 085	1.50	27	海南	752	0.12
13	安徽	8 007	1.32	28	青海	390	0.06
14	广东	6 744	1.11	29	西藏	0	0.00
15	湖北	5 543	0.91	—	—	—	—

附表 33　1995—2000 年黑龙江省迁出至全国各省级行政单元的人口规模排名和比例

排名	省级行政单元	迁出人口/人	比例/%	排名	省级行政单元	迁出人口/人	比例/%
1	辽宁	235 663	23.82	16	陕西	5 274	0.54
2	山东	198 221	20.04	17	湖北	4 926	0.50
3	河北	111 958	11.32	18	山西	4 600	0.46
4	北京	83 958	8.49	19	新疆	4 442	0.45
5	吉林	72 811	7.36	20	湖南	4 432	0.45
6	内蒙古	56 589	5.72	21	云南	4 326	0.44
7	广东	47 137	4.76	22	重庆	3 621	0.37
8	天津	39 989	4.04	23	海南	3 547	0.36
9	江苏	25 716	2.60	24	广西	3 074	0.31

续附表 33

排名	省级行政单元	迁出人口/人	比例/%	排名	省级行政单元	迁出人口/人	比例/%
10	上海	23 726	2.40	25	甘肃	1 989	0.20
11	浙江	15 579	1.57	26	江西	1 853	0.19
12	河南	12 579	1.27	27	宁夏	1 326	0.13
13	四川	7 368	0.74	28	贵州	1 116	0.11
14	福建	6 653	0.67	29	青海	589	0.06
15	安徽	6 042	0.61	30	西藏	179	0.02

附表 34　2000—2005 年黑龙江省迁出至全国各省级行政单元的人口规模排名和比例

排名	省级行政单元	迁出人口/人	比例/%	排名	省级行政单元	迁出人口/人	比例/%
1	辽宁	221 756	21.50	16	湖北	5 267	0.51
2	山东	190 611	18.48	17	四川	4 122	0.40
3	北京	126 870	12.30	18	云南	3 435	0.33
4	天津	108 550	10.52	19	广西	3 053	0.30
5	河北	81 603	7.91	20	山西	2 824	0.27
6	吉林	69 008	6.69	21	湖南	2 824	0.27
7	广东	59 160	5.74	22	江西	2 443	0.24
8	上海	35 038	3.40	23	陕西	2 214	0.21
9	江苏	28 626	2.77	24	重庆	2 137	0.21
10	浙江	25 954	2.52	25	新疆	2 137	0.21
11	内蒙古	21 832	2.12	26	贵州	1 756	0.17
12	安徽	7 634	0.74	27	甘肃	1 069	0.10
13	福建	7 252	0.70	28	青海	840	0.08
14	河南	7 252	0.70	29	宁夏	611	0.06
15	海南	5 649	0.55	30	西藏	0	0.00

附表 35　2005—2010 年黑龙江省迁出至全国各省级行政单元的人口规模排名和比例

排名	省级行政单元	迁出人口/人	比例/%	排名	省级行政单元	迁出人口/人	比例/%
1	辽宁	339 590	23.21	16	河南	10 170	0.70
2	山东	221 540	15.14	17	陕西	10 110	0.69
3	北京	196 720	13.44	18	山西	9 570	0.65
4	河北	114 790	7.85	19	湖北	8 250	0.56

续附表 35

排名	省级行政单元	迁出人口/人	比例/%	排名	省级行政单元	迁出人口/人	比例/%
5	天津	94 640	6.47	20	安徽	7 540	0.52
6	吉林	78 410	5.36	21	新疆	6 210	0.42
7	广东	65 740	4.49	22	云南	6 130	0.42
8	内蒙古	65 160	4.45	23	湖南	5 870	0.40
9	上海	58 210	3.98	24	江西	5 100	0.35
10	江苏	51 220	3.50	25	重庆	4 580	0.31
11	浙江	45 700	3.12	26	甘肃	3 430	0.23
12	福建	12 920	0.88	27	宁夏	3 220	0.22
13	海南	12 590	0.86	28	贵州	3 040	0.21
14	四川	10 510	0.72	29	青海	1 710	0.12
15	广西	10 320	0.71	30	西藏	220	0.02

附表 36 2010—2015 年黑龙江省迁出至全国各省级行政单元的人口规模排名和比例

排名	省级行政单元	迁出人口/人	比例/%	排名	省级行政单元	迁出人口/人	比例/%
1	北京	194 387	14.81	16	湖南	18 452	1.41
2	辽宁	192 581	14.67	17	陕西	13 226	1.01
3	山东	142 452	10.85	18	广西	12 710	0.97
4	天津	126 452	9.63	19	河南	12 323	0.94
5	河北	112 645	8.58	20	山西	9 355	0.71
6	江苏	76 194	5.80	21	安徽	8 129	0.62
7	吉林	63 806	4.86	22	重庆	8 129	0.62
8	广东	63 419	4.83	23	云南	7 548	0.57
9	内蒙古	58 129	4.43	24	江西	7 226	0.55
10	上海	47 226	3.60	25	新疆	6 774	0.52
11	浙江	34 258	2.61	26	甘肃	4 323	0.33
12	四川	24 000	1.83	27	贵州	3 871	0.29
13	海南	21 355	1.63	28	青海	2 000	0.15
14	湖北	20 645	1.57	29	宁夏	1 419	0.11
15	福建	18 774	1.43	30	西藏	968	0.07

后记

本书是以我的博士学位论文为基础，经修改完善而来。虽历经近两年时间沉淀，但所涉方面仍显粗浅，很多研究有待深入。书中存在的不妥和未尽之处，还请专家学者批评指正，我将在以后的研究中着力研究解决。即便如此，书中蕴藏了各位师长、同学、同事、家人以及东南大学出版社的帮助，在即将付梓出版之际，不免心生感激。

衷心感谢我的恩师韩增林教授。自 2006 年攻读硕士学位师从韩老师，不觉已经走过了 14 个年头，回想起来，我的每一次进步背后都离不开老师的支持、鼓励，每一次成长都离不开老师的指引与教诲。早在硕士在读期间，韩增林教授就安排我参与大连市人口功能区规划等研究工作，带我进行过大量调研，并取得一些成果。经过长期接触，我对人口地理学产生了浓厚兴趣，逐步建立了从人口发展角度思考区域问题的思维，并坚持关注人口发展的热点问题。后来我的博士学位论文选题东北人口迁移问题，固然是兴趣使然，但兴趣归根于老师的悉心培养。除了论文中的学术指导，老师豁达的人生态度、严谨的治学态度更是如灯塔般始终照亮着我的人生航线。感恩、感慨一路上有老师引路和帮助，实乃此生之幸运。

非常感谢东北财经大学张军涛教授，大连海事大学栾维新教授，辽宁师范大学李雪铭教授、李悦铮教授、关伟教授、王利教授在论文选题、审阅、答辩等过程中提出的宝贵意见。特别感谢张耀光先生近八旬高龄仍坚持教授我博士课程，认真审阅论文、提出宝贵意见，这种对学术的热爱和对岗位的坚守非常值得我们年轻人学习。

感谢我的同门师兄、师姐、师弟、师妹在我攻读博士学位期间无微不至的帮助。感谢韩景博士、杨大海博士、狄乾斌博士、梁启东博士、单良博士、刘锴博士、马占东博士、于洋博士对我的关心和指导，感谢彭飞博士、刘天宝博士、刘俊秀硕士、王雪硕士与我的多次研讨和为本书所做的工作。

感谢沈阳建筑大学严文复副校长、沈阳市自然资源局赵辉局长对我的鼓励和指导。感谢沈阳市规划设计研究院有限公司毛兵院长、梁成文书记、张晓云副院长、吕正华副院长、刘威副院长、谭许伟副院长、张建军总规划师、宫远山所长在我攻读博士学位期间所给予的大力支持与中肯建议。感谢于中伟高级工程师在书稿修改中对我的帮助，祝他永葆健康。

感谢东南大学出版社孙惠玉女士为本书出版所付出的辛勤劳动。

最后，我还要感谢我的家人，正是家人的支持为我创造了安心写作的环境。尤其在学位论文撰写期间，妻子已有身孕，却因种种原因住院治疗近三个月，面临多重压力，妻子坚定不移的乐观态度给了我极大的鼓舞。如今女儿已经两岁，我想我会在不久的将来给她讲述妈妈当年的故事，我也将以更多的努力和成果回报家人的支持与付出。

刘春涛
2019 年 7 月 28 日于沈阳居所

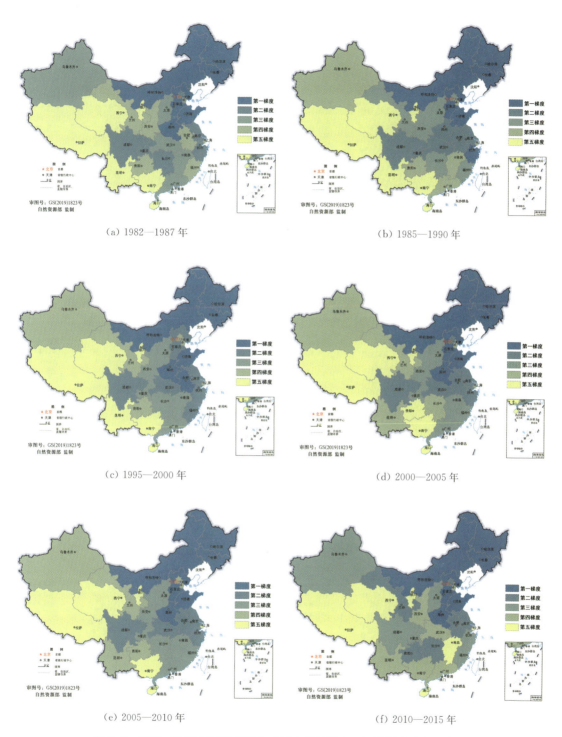

图 5-3　1982—2015 年辽宁省迁入人口来源地的人口规模梯度演变示意图

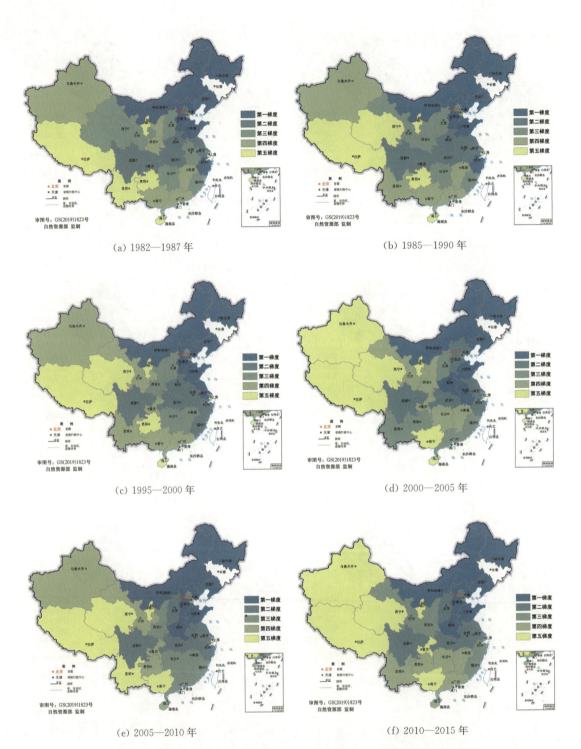

图 5-8　1982—2015 年吉林省迁入人口来源地的人口规模梯度演变示意图

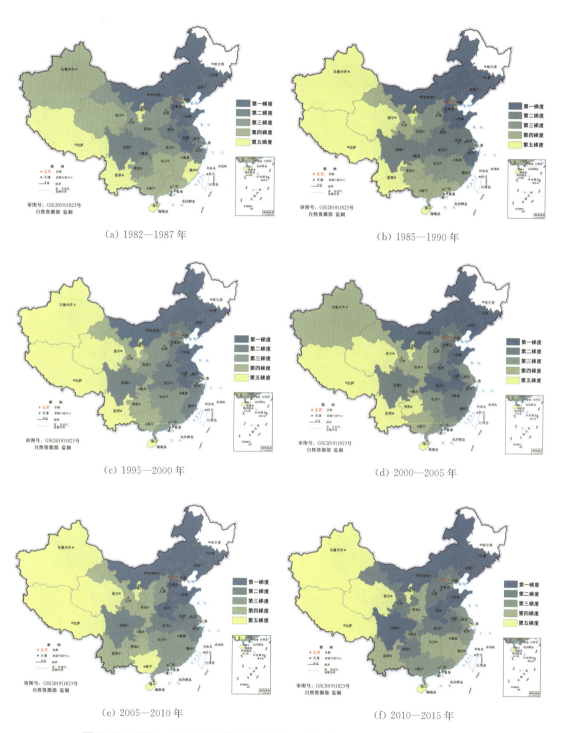

(a) 1982—1987 年　　(b) 1985—1990 年
(c) 1995—2000 年　　(d) 2000—2005 年
(e) 2005—2010 年　　(f) 2010—2015 年

图 5-13　1982—2015 年黑龙江省迁入人口来源地的人口规模梯度演变示意图

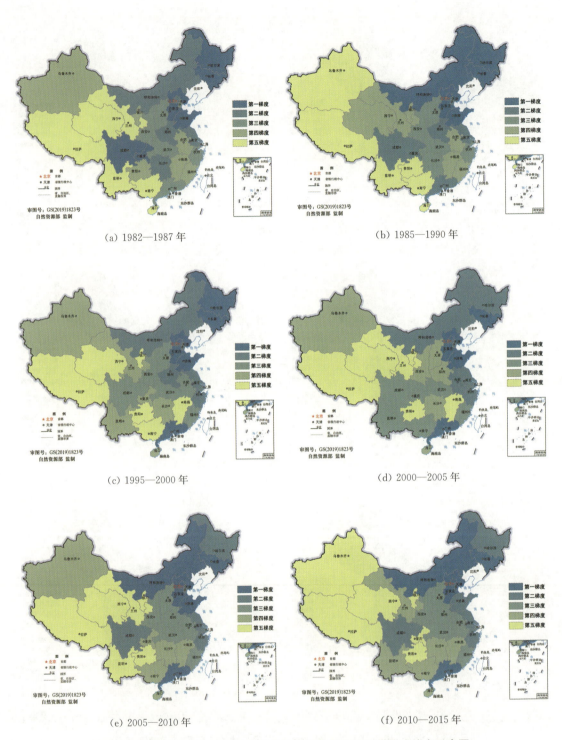

图 5-18　1982—2015 年辽宁省迁出至目的地的人口规模梯度演变示意图

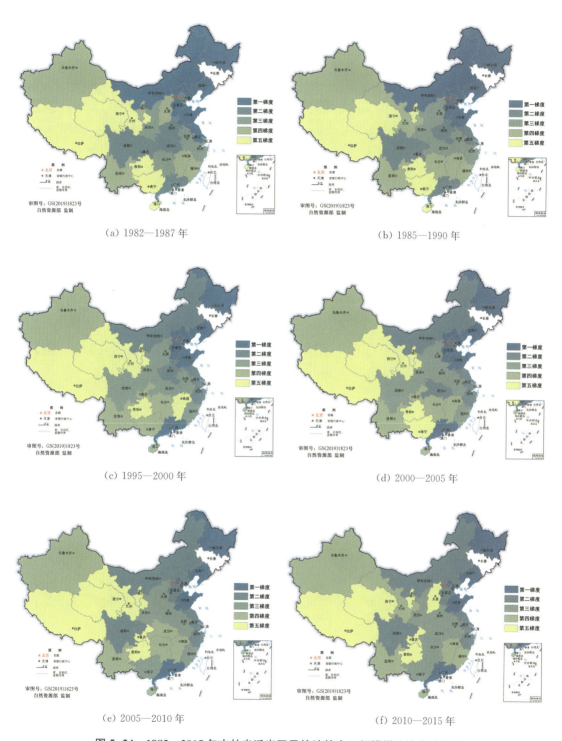

图 5-24 1982—2015 年吉林省迁出至目的地的人口规模梯度演变示意图

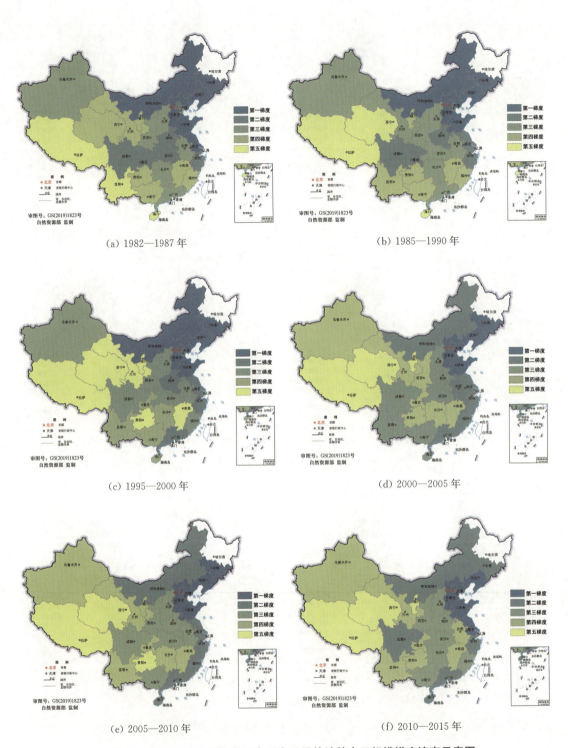

图 5-30 1982—2015 年黑龙江省迁出至目的地的人口规模梯度演变示意图

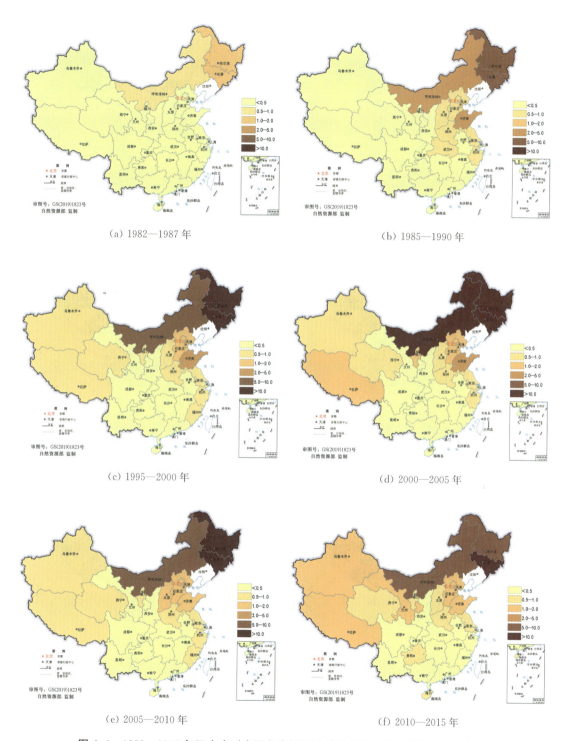

(a) 1982—1987 年 (b) 1985—1990 年
(c) 1995—2000 年 (d) 2000—2005 年
(e) 2005—2010 年 (f) 2010—2015 年

图 6-1 1982—2015 年辽宁省对全国各省级行政单元的人口引力指数分布示意图

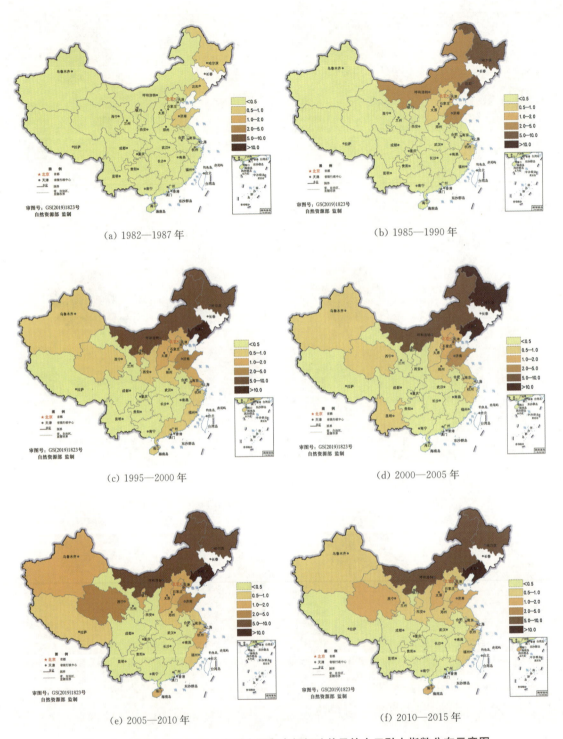

图 6-3 2010—2015 年吉林省对全国各省级行政单元的人口引力指数分布示意图

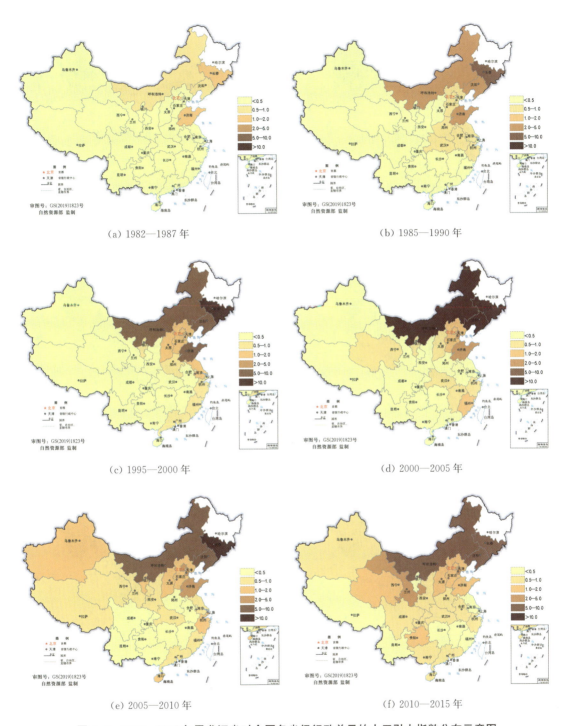

(a) 1982—1987 年

(b) 1985—1990 年

(c) 1995—2000 年

(d) 2000—2005 年

(e) 2005—2010 年

(f) 2010—2015 年

图 6-5 1982—2015 年黑龙江省对全国各省级行政单元的人口引力指数分布示意图

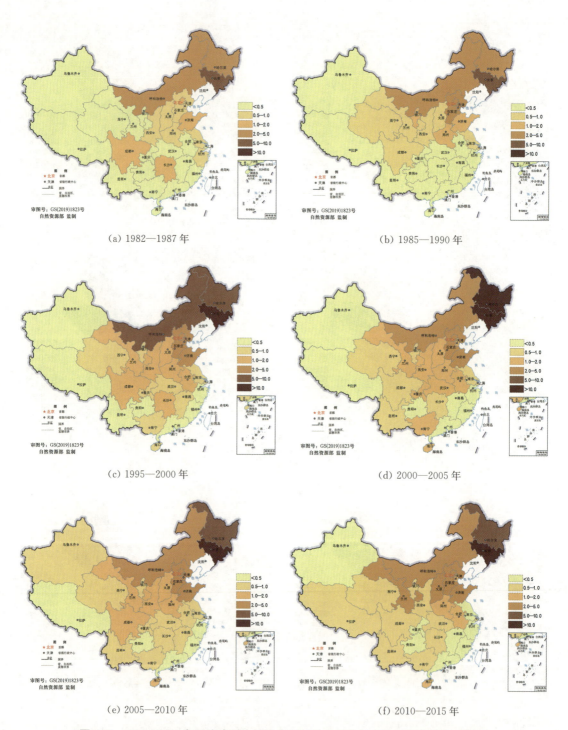

图 6-7 1982—2015 年辽宁省对全国各省级行政单元的迁出偏好指数分布示意图

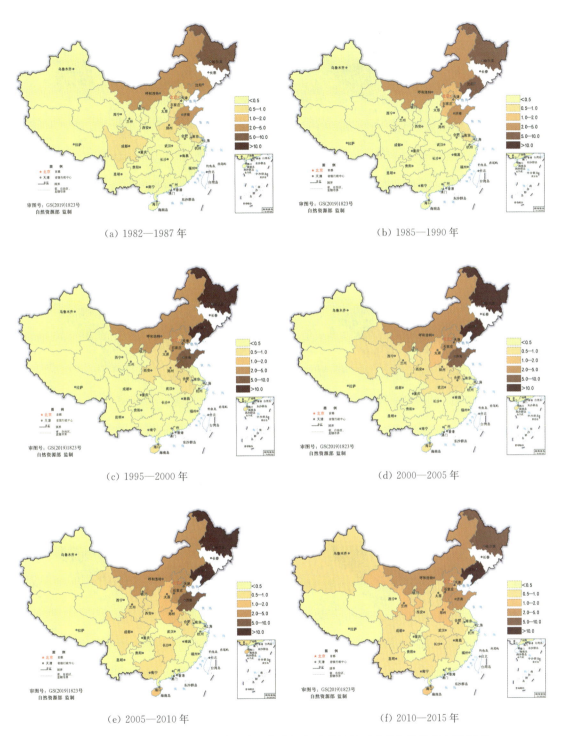

(a) 1982—1987 年

(b) 1985—1990 年

(c) 1995—2000 年

(d) 2000—2005 年

(e) 2005—2010 年

(f) 2010—2015 年

图 6-9 1982—2015 年吉林省对全国各省级行政单元的迁出偏好指数分布示意图

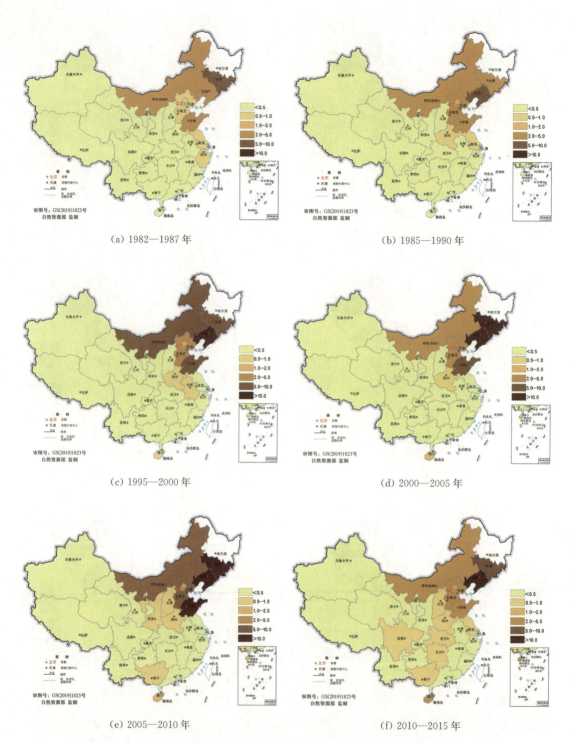

图 6-11 1982—2015 年黑龙江省对全国各省级行政单元的迁出偏好指数分布示意图

本书作者

刘春涛,男,1984年生,山东昌邑人。辽宁师范大学人文地理学博士,沈阳市规划设计研究院有限公司三所项目总监,高级工程师,国家注册城乡规划师。主要研究方向为人口地理学、区域与城市发展战略、国土空间规划、乡村规划等。发表学术论文20余篇,获国家级优秀工程勘察设计奖3项,省级优秀工程勘察设计奖10余项。曾获得"辽宁省优秀援疆人才""塔城地区优秀援塔干部人才"等称号。